# 時の階段を下りながら

## 近現代日本カトリック教会史序説

三好千春
Chiharu Miyoshi

オリエンス宗教研究所

# 時《とき》の階段《かいだん》を下《お》りながら

## ――近現代《きんげんだい》日本《にほん》カトリック教会《きょうかい》史《し》序説《じょせつ》――

●

2021年4月15日　初版発行

**著　者**　三好千春《みよしちはる》

**発行者**　オリエンス宗教研究所
**代　表**　C・コンニ
〒156-0043　東京都世田谷区松原2-28-5
☎ 03-3322-7601　Fax 03-3325-5322
https://www.oriens.or.jp/

**印刷者**　有限会社 東光印刷


ISBN978-4-87232-115-9　Printed in Japan

東京大司教出版認可済

## 著者紹介

三好千春（みよし・ちはる）

愛媛県出身．援助修道会会員．南山大学人文学部キリスト教学科教授．専門は近代日本キリスト教史．主な著作，論文に『戦時下のキリスト教――宗教団体法をめぐって』（共著，教文館，2015年），「カトリック教会と神社参拝問題――『エクス・イルラ・ディエ』対『マクシムム・イルド』」（『正義と平和の口づけ――日本カトリック神学の過去・現在・未来』日本キリスト教団出版局，2020年所収）などがある．

# 日本カトリック教会関連年表（日付はすべて新暦による）

| 年 | カトリック教会（日本） | |
|---|---|---|
| 1658年 | パリ外国宣教会の創立。 | |
| 1831年 | 布教聖省、朝鮮代牧区を新設しパリ外国宣教会に委託・同時に、同会に日本再布教を模索するよう指示。 | |
| | 3月27日 | フォルカード神父を初代日本代牧に任命。 |
| 1844年 | 4月28日 | パリ外国宣教会のフォルカード神父、中国人伝道士オーギュスト高と共に那覇に上陸。 |
| 1846年 | 5月1日 | 日本代牧区の設置。 |
| | 5月25日 | ルテュルデュ神父、那覇に来航。フォルカード神父は那覇を退去。 |
| | 9月15日 | アドネ神父、那覇に来航。 |
| 1847年 | 2月21日 | フォルカード神父、香港にて初代日本代牧として叙階される。 |
| 1848年 | 7月1日 | アドネ神父、那覇で病死。 |
| | 7月3日 | ルテュルデュ神父によるアドネ神父の葬儀ミサ。 |
| | 8月27日 | ルテュルデュ神父、オーギュスタン高と共に那覇を退去。 |
| 1855年 | 3月2日 | ジラール神父、フューレ神父、カション神父の三名、琉球に上陸。（到着は2月26日） |
| 1856年 | 11月 | 浦上三番崩れ起こる。 |
| 1857年 | 6月15日 | ジラール神父を日本宣教総責任者（superieur de la mission du Japon）に任命（当人への通達は翌58年10月25日）。 |
| 1858年 | 2月12日 | 長崎奉行、絵踏の中止を宣言。 |
| | 7月29日 | 日米修好通商条約調印。以後、同内容の条約を蘭・露・英・仏と調印（安政の五カ国条約）。 |
| 1859年 | 8月10日 | ジラール神父、フランス総領事ベルクールの通訳として品川に来航。 |
| | 9月6日 | ジラール神父、江戸に入る。 |
| | 11月25日 | カション神父、箱館に到着。 |
| 1860年 | 10月27日 | プティジャン神父、那覇に到着。 |
| | 11月4日 | ムニクー神父、横浜に到着。 |
| 1862年 | 1月12日 | ジラール神父、横浜天主堂を献堂。 |
| | 2月18日 | 神奈川奉行、横浜天主堂の見物人たちを逮捕（横浜天主堂事件）。 |
| | 11月 | プティジャン神父、横浜に到着（翌年7月に長崎に移動）。 |
| 1863年 | 1月22日 | フューレ神父、長崎に到着。 |
| | 9月 | ローケーニュ神父、横浜に到着（翌年長崎へ）。 |
| 1864年 | 12月29日 | 長崎の大浦天主堂落成。 |
| 1865年 | 2月19日 | ジラール神父、大浦天主堂を献堂。 |
| | 3月17日 | 浦上信徒たち、プティジャン神父に名乗り出る（キリシタンの復活）。以後、浦上に4カ所の秘密教会が作られる。 |

| | | |
|---|---|---|
| 1866年 | 7月13日 | プティジャン神父、日本代牧に任命される（名義司教叙階は10月21日、香港にて）。 |
| | ※この年、ローケーニュ神父が副代牧（provicaire）に就任。 | |
| 1867年 | 4月16日 | 浦上村山里本原郷にて百姓三八、母親の仏式埋葬を拒否（三八事件）。以後自葬が頻発。 |
| | 7月15日 | 長崎奉行所による指導的立場にある浦上キリシタン68名の捕縛（浦上四番崩れの開始）。 |
| | 10月 | プティジャン日本代牧、キリシタン捕縛事件の報告と援助獲得のためにローマへ出発。 |
| | 12月9日 | ジラール神父没。 |
| 1868年 | 4月7日 | 明治新政府、キリシタン宗門禁止を含む五榜の立札を全国に掲示。 |
| | 6月7日 | 明治政府、浦上全村民の流罪を命じる。／ド・ロ神父、プティジャン日本代牧と共に長崎に到着。 |
| | 7月10日 | 浦上キリシタンの中心人物114名が、山口、津和野、福山の3藩に配流。 |
| 1869年 | 5月 | プティジャン日本代牧、第一バチカン公会議出席のためローマへ。 |
| 1870年 | 1月 | 浦上キリシタン3000名余りが西日本20藩に配流（「旅」の開始）。 |
| | 12月11日 | プティジャン日本代牧、帰国。 |
| 1871年 | 9月28日 | 教皇ピオ9世、日本のキリシタンに親書を送る。 |
| 1872年 | 4月 | 九段堀端一番町にラテン学校（ラテン部＝神学校、漢学部）を開校。 |
| | 6月28日 | サン・モール修道会（現・幼きイエス会）の5名の会員、横浜に到着。 |
| 1873年 | 2月24日 | 明治政府、キリシタン禁制高札を撤去。 |
| | 3月14日 | 太政官布達により、「長崎県下異宗徒帰籍」が命じられ、以後、浦上キリシタンたちの帰村開始。 |
| | 10月3日 | 補佐司教にローケーニュ神父を任命（名義司教叙階は1874年2月24日）。 |
| 1874年 | 1月 | 東京公教神学校（ラテン学校）、神田猿楽町に移転。 |
| | 7月 | 長崎で赤痢が流行した際、ド・ロ神父の救護活動に岩永マキたち4名のキリシタン女性が協力し、共同生活を開始（「女部屋」の起源）。 |
| | 8月15日 | 浦上山里村にて「子部屋」（その後、蔭ノ尾島の仮家に移り、1年後に浦上に戻る）の開始。 |
| 1875年 | 8月15日 | サン・モール修道会、横浜に仁慈堂（孤児院）を設立。 |
| | 10月 | 長崎公教神学校（1989年に長崎カトリック神学院と改称）を開校。 |
| 1876年 | 5月22日 | 日本代牧区を南緯代牧区と北緯代牧区に分割。 |
| | 6月20日 | 南緯代牧にプティジャン司教を任命。 |
| | 12月19日 | オズーフ神父（パリ外国宣教会）を北緯代牧に任命（名義司教叙階は1877年2月11日、パリにて）。 |
| 1877年 | 7月1日 | 北緯代牧区の司教座が横浜から築地に移る。 |
| | 7月8日 | オズーフ北緯代牧、横浜に到着、その後、横浜で着座式。 |

| | | |
|---|---|---|
| | 7月9日 | ショファイユの幼きイエズス修道会の4名の会員、神戸に到着。 |
| | ※この年、岩永たちの「女部屋」は「十字会」と名乗り､「子部屋」は「浦上養育院」と改称。／東京公教神学校、浅草に移転。 | |
| 1878年 | 5月28日 | シャルトル聖パウロ修道女会の3名の会員、函館に到着。 |
| | 8月15日 | 築地教会の献堂式。 |
| | ※この年、ヴィグルー神父を北緯代牧区における最初の巡回宣教神父として任命。 | |
| 1879年 | 3月25日 | 大阪川口教会の献堂式。 |
| | ※この年、東京公教神学校、築地教会境内に移転。／ド・ロ神父、出津教会に主任司祭として赴任。 | |
| 1881年 | 5月1日 | カトリック教会最初の月刊雑誌である『公教万報』、浅草教会信徒の本多善右衛門により創刊（小池豊範が編集）。 |
| | ※この年、シャルトル聖パウロ修道女会、東京神田猿楽町に学校を設立。 | |
| 1882年 | 12月31日 | 南緯代牧区にて、深堀達右衛門・高木源太郎・有安秀之進（浪造）の3名が、日本人司祭として初めて叙階される。 |
| | ※この年、ド・ロ神父、出津教会聖堂を建設。 | |
| 1883年 | ※この年、ド・ロ神父、出津に救助院を設立。パン、マカロニ、ソーメン、織物などの授産事業を開始。 | |
| 1884年 | 3月17日 | ソーレ神父（パリ外国宣教会）・岩永キク・平田ロクほか5名の女性たちにより、福岡県三井郡大刀洗にて天主公教愛苦会創立（1940年に修道会として再建。現・カトリック愛苦会）。 |
| | 4月1日 | ショファイユの幼きイエズス会、大阪で信愛女学校（現・大阪信愛女学院）開校。 |
| | 10月7日 | プティジャン南緯代牧没。それに伴い、南緯代牧にローケーニュ補佐司教が就任。 |
| | ※この年、シャルトル聖パウロ修道女会、神田猿楽町の学校名を女子仏学校と改称。 | |
| 1885年 | 1月18日 | ローケーニュ南緯代牧没。 |
| | 5月 | 『公教万報』、リギョール神父主幹の『天主之番兵』へ引き継がれる。 |
| | 6月26日 | クーザン神父（パリ外国宣教会）を南緯代牧に任命（名義司教叙階は9月21日）。 |
| | 9月12日 | オズーフ北緯代牧、明治天皇に教皇レオ13世の親書を奉呈（教皇庁と皇室の最初の接触）。 |
| 1886年 | 1月1日 | シャルトル聖パウロ修道女会、函館で聖保禄女学校（現・函館白百合学園中学・高等学校）開校。 |
| | 6月 | ショファイユの幼きイエズス会、岡山で岡山女学校（1911年、清心高等女学校と改称）開校。 |
| | ※この年、巡回宣教神父のテストヴィド神父、鮎沢村に一軒家を借り、ハンセン病患者を受け入れる（神山復生病院の起源）。 | |

| | | |
|---|---|---|
| 1887年 | 12月21日 | マリア会の会員２名がアメリカより横浜に到着。 |
| 1888年 | １月４日 | フランスよりマリア会の会員名３名が横浜に到着。計５名で、上流階級の青少年教育のための学校創立へ。 |
| | ３月20日 | 南緯代牧区を分割し、近畿・中国・四国を中部代牧区とし、教区長館を大阪に置く（南緯代牧区の教区長館所在地は長崎）。 |
| | ３月23日 | ミドン神父（パリ外国宣教会）を中部代牧に任命（名義司教叙階は６月11日）。 |
| | ４月 | 小石川関口教会（現・関口教会）附属聖母仏語学校製パン部（現・関口フランスパン）創設。 |
| | ８月17日 | マリア会による暁星学校の設立認可。 |
| | ９月11日 | 暁星学校の開校（暁星学園の創立記念日は11月１日）。 |
| 1889年 | ５月22日 | テストヴィド神父、御殿場郊外の神山に神山復生病院を開院。 |
| | 11月１日 | レゼー神父の編集による『公教雑誌』創刊。 |
| 1890年 | ３月２日－29日 | 長崎大浦天主堂にて、長崎教会会議（第１回長崎日本・朝鮮地方教会会議）を開催。 |
| | ８月30日 | 暁星小学校（マリア会）の設立が認可され、本格的に授業開始。 |
| 1891年 | ２月 | ヴァスロン神父により京都で修徳雑誌『声』創刊。 |
| | ４月17日 | 北緯代牧区を二分して函館司教区（北海道・東北６県・新潟）を創立。 |
| | ４月24日 | 函館教区司教にベルリオーズ神父（パリ外国宣教会）を任命。 |
| | ６月15日 | 日本において司教位階制度が確立し、各代牧区は司教区に昇格（函館・東京・大阪・長崎の４教区）し、東京に管区大司教が置かれる。初代東京大司教はオズーフ北緯代牧。初代函館教区司教はベルリオーズ神父（司教叙階は７月25日）、初代大阪教区司教はミドン中部代牧、初代長崎教区司教はクーザン南緯代牧。 |
| | ８月３日 | テストヴィド神父、香港にて没。 |
| 1892年 | １月８日 | マリア会、長崎に海星学校（1911年に海星中学校。現・海星中学校・高等学校）を開校。 |
| | ９月 | シャルトル聖パウロ修道女会、盛岡にて盛岡女学校（現・盛岡白百合学園中学・高等学校）を開校。 |
| 1893年 | ３月25日 | シャルトル聖パウロ修道女会、仙台に仙台女学校（現・仙台白百合学園中学・高等学校）を開校。 |
| | ８月18日 | ヴァスロン神父（パリ外国宣教会）を大阪教区司教に任命（司教叙階は11月30日） |
| | ９月16日 | リギョール神父・前田長太『宗教ト国家――前編』を発刊するも、即日発禁処分。 |
| 1894年 | ９月25日 | 東京大司教区最初の日本人司祭として、前田長太、外岡金声を叙階。 |
| | 12月８日 | ヴィグルー神父（東京教区副司教）、オズーフ大司教宛「意見書」を提 |

| | | |
|---|---|---|
| | | 出し、日本宣教状況の分析とともにイエズス会来日要請を提案。 |
| 1895年 | 4月28日－5月12日 | 築地教会で第1回東京教会会議を開催 |
| 1896年 | 6月15日 | リスパル神父、釜石にて三陸大津波により遭難死。 |
| | 7月22日 | シャトロン大阪司教総代理（パリ外国宣教会）を大阪教区司教に任命（叙階は10月18日）。 |
| | 10月28日 | 厳律シトー会（トラピスト）の9名の会員、函館郊外の当別（現・北斗市）に到着。 |
| | 11月21日 | 当別に灯台の聖母修道院を開院。 |
| | | ※この年、東京公教神学校、再開（1905年再び一時閉鎖）。 |
| 1897年 | 1月20日 | レゼー神父、『真理之本源』刊行。 |
| 1898年 | 1月2日 | ルモアーヌ神父、月刊誌『天地人』を創刊（1901年6月廃刊）。 |
| | 4月25日 | 函館・湯川に女子厳律シトー会（トラピスチヌ）の8名の会員、函館に到着。 |
| | 4月30日 | 函館・湯川に天使の聖母トラピスチヌ修道院（通称「天使園」）を開院。 |
| | 10月19日 | マリアの宣教者フランシスコの5名の会員、ハンセン病患者の世話のため熊本に到着。 |
| | 9月27日 | マリア会、大阪に明星学校（現・大阪明星中学校・高等学校）を創立。 |
| 1899年 | 10月 | 暁星中学校（旧制。現・暁星中学・高等学校）開校。 |
| 1900年 | 3月 | フェラン神父、東京にて学生向け施設の育英塾を開設。ここを本拠として公教青年会を組織。 |
| | 4月1日 | サン・モール会、横浜紅蘭女学校（1933年に横浜港蘭高等女学校と改称。現・横浜雙葉中学・高等学校）開校。 |
| 1901年 | 9月29日 | 公教教友会発足。 |
| | | ※この年、仙台神学校（予備神学校）を仙台市内に開校（1924年まで存続。その後、ドミニコ会の協力で聖トマス仙台教区小神学校を開設するも、第二次世界大戦中に閉鎖）。 |
| 1902年 | 5月21日 | ミュガビュール神父（パリ外国宣教会）を東京教区補佐司教に任命（司教叙階は6月22日）。 |
| 1903年 | 4月9日 | 仏英女学校（1912年に不二高等女学校と改称。現・静岡雙葉中学・高等学校）の開校。 |
| | 6月25日 | 東京教区司祭の前田長太神父、知識人信徒向け雑誌『通俗宗教談』を発刊（1906年2月廃刊）。 |
| | 12月 | 長崎教区司祭の平山要五郎（牧民）神父、日本の各司教に「具申書」を送付（イエズス会来日を要請）。 |
| 1904年 | 1月27日 | 大阪司教区から四国が独立して知牧区となり、ドミニコ会（ロザリオ管区）に委託される。同会のアルバレス神父を初代知牧に任命。 |
| | 2月14日 | フェラン・前田長太両神父により公教青年会（第1次）創立。 |

| | | |
|---|---|---|
| | 8月16日 | アルバレス神父（ドミニコ会）、他に4名の会員と共に高知に到着。ドミニコ会の日本宣教の再開。 |
| | 9月 | ルマレシャル神父による『和仏大辞典』刊行。 |
| | ※この年、仏文によるMelanges（三才社）を創刊（1911年廃刊）。 | |
| 1905年 | 6月 | イエズス会士ダールマン神父、日本におけるカトリック大学設立についての覚書を教皇庁に提出。 |
| | 7月3日 | 教皇ピオ10世、イエズス会に日本宣教再開を要請。 |
| | 8月 | 公教青年会により雑誌『新理想』創刊（1907年4月廃刊）。 |
| | 10月29日 | 教皇ピオ11世派遣の特使オコンネル教皇庁使節（ポートランド司教）、横浜港に到着。 |
| | 11月10日 | オコンネル使節、明治天皇に教皇親書を奉呈。 |
| 1906年 | 6月27日 | オズーフ大司教没。これに伴い、東京教区大司教にミュガビュール東京教区補佐司教が就任（着座式は7月1日）。 |
| 1907年 | 1月19日 | フランシスコ会（カナダ聖ヨゼフ管区）のベルタン神父（のちのカナダ管区日本宣教地区長）およびフランシスコ会（フルダ管区）のキノルド神父（のちの札幌知牧・代牧区の初代知牧・代牧）、札幌に到着。フランシスコ会の日本宣教再開。 |
| | 9月8日 | 神言修道会の3名（のちの新潟知牧区知牧のチェスカ神父含む）の会員、横浜に到着。 |
| 1908年 | 1月1日 | 聖心会の4名の会員来日。 |
| | 4月 | ショファイユの幼きイエズス修道会により大阪信愛高等女学校（現・大阪信愛学院）開校。 |
| | 5月 | 聖霊奉侍布教修道女会（聖霊会）の5名の会員、秋田に到着。 |
| | 10月18日 | イエズス会より3名の会員（ダールマン神父、ブシェー神父、ロックリフ神父）、横浜に到着。イエズス会の日本宣教再開。 |
| 1909年 | 3月19日 | 雙葉高等女学校（サン・モール会）の設立が認可。 |
| | 4月 | 築地明石町に雙葉高等女学校開校（翌年、現在の千代田区六番町に移転）。 |
| | ※この年、シャルトル聖パウロ修道女会、八代女子技芸学校（1926年に最終的に八代成美高等女学校と改称。現・八代白百合学園高等学校）開設。 | |
| 1910年 | 4月11日 | 聖心女子学院高等科、開校。 |
| | 7月2日 | ラゲ神父（パリ外国宣教会）訳の『我主イエズスキリストの新約聖書』刊行。 |
| | 9月15日 | ボンヌ神父（パリ外国宣教会）を東京教区大司教に任命（叙階は1911年5月1日）。 |
| | ※この年、大阪教区にて『聖若瑟教育院月報』を創刊。／女子仏学校、仏英和高等女学校（1935年に白百合高等女学校と改称。現・白百合学園中学校・高等学校）となる。 | |
| 1911年 | 8月26日 | 南樺太、函館教区に所属。 |
| | 12月 | 築地教会内に教友社を設立。『声』『教の園』を発行。 |

| | | |
|---|---|---|
| | ※この年、『聖若瑟教育院月報』を『公教会月報』と改称。／海星商業学校を海星中学校（旧制）と改称。 | |
| 1912年 | 6月1日 | レイ神父（パリ外国宣教会）を東京教区大司教に任命（叙階は7月25日）。 |
| | 6月3日 | コンバス神父（パリ外国宣教会）を長崎教区司教に任命（叙階は9月8日）。 |
| | 8月13日 | 函館教区より秋田・山形・新潟3県、および東京教区から富山・石川・福井3県を合わせて、新潟知牧区を設立し、神言修道会に委託。 |
| | 11月12日 | 新潟知牧にライネルス神父（神言会）を任命。 |
| | ※この年、金沢教会敷地内に聖ヨハネ予備神学校を開校（1923年閉鎖）。 | |
| 1913年 | 4月21日 | 「専門学校令」により上智大学（文学部と商学部）を開学。 |
| | ※この年、東京公教神学校、再開。 | |
| 1914年 | 3月17日 | 浦上天主堂の献堂式　(1945年8月9日、原爆により破壊)。 |
| 1915年 | 2月12日 | 函館教区から函館地区を除く北海道全土と樺太（サハリン）南部が札幌知牧区として独立しフランシスコ会（フルダ管区）に委託。 |
| | 4月13日 | キノルド神父。（フランシスコ会）を札幌知牧に任命。 |
| | ※この年、札幌小神学校を開校。 | |
| 1916年 | 1月2日 | 日本カトリック教会最初の週刊誌『光明』札幌にて創刊。 |
| | 2月3日 | 教皇ベネディクト15世の特使として、駐マニラ教皇庁使節ペトレリ大司教が大正天皇に謁見し、教皇親書を奉呈。 |
| | 4月1日 | 聖心女子学院高等専門学校（英文科）開校。 |
| | 6月4日 | 公教青年会（第2次)、設立。 |
| 1918年 | 1月2日 | 東京公教神学校、小石川に移転。 |
| | 7月6日 | カスタニエ神父（パリ外国宣教会）を大阪教区司教に任命（司教叙階は8月29日）。 |
| 1919年 | 11月26日 | 教皇庁使節日本常駐の決定に伴い、初代駐日教皇庁使節として、フマゾーニ・ビオンディ大司教を任命。 |
| | 12月6日 | 東京市京橋区明石町（現・東京都中央区明石町）に教皇庁使節館を開館。 |
| 1920年 | 3月11日 | ビオンディ教皇庁使節、着任。 |
| | 5月30日 | ライネルス神父（神言会)、聖心愛子会（現・聖心の布教姉妹会）を創立。 |
| | 8月18日 | 殉教者聖ゲオルギオのフランシスコ修道会の3名の会員、札幌に到着。 |
| | 12月23日 | 公教青年会、月刊誌『カトリック』を創刊。 |
| | ※この年、『公教会月報』の後身として家庭向けカトリック雑誌『公教家庭の友』を創刊（1931年6月廃刊)。 | |
| 1921年 | 3月 | 『公教青年会々報』（月刊）を創刊。 |
| | 5月8日 | ヌヴェール愛徳およびキリスト教的教育修道会（ヌヴェール愛徳修道会）の7名の会員、大阪に到着。 |
| | 11月21日 | ジャルディーニ大司教を第2代駐日教皇庁使節に任命（名義司教叙階は12月8日)。 |

| | | |
|---|---|---|
| 1922年 | 2月18日 | 新潟知牧区の富山・石川・福井3県と東京教区の愛知・岐阜2県を合わせて、名古屋知牧区を設立。神言修道会に委託され、新潟知牧ライネルス神父を使徒座管理者に任命。 |
| | 3月18日 | ジャルディーニ駐日教皇庁使節、着任。 |
| 1923年 | 1月1日 | 『公教青年会々報』を『公教青年時報』(月2回刊) と改称。 |
| | 5月 | 『公教青年時報』を『カトリック・タイムス』(月2回刊) と改称。 |
| | 5月4日 | 大阪教区より広島・岡山・鳥取・島根・山口の中国5県を分離して広島代牧区を設置し、イエズス会に委託。初代代牧にデーリング司教 (イエズス会。1907年にインドのポーナ教区司教として司教叙階) を任命。代牧館を岡山に設置。 |
| | 9月1日 | 関東大震災にて、教皇庁使節館、本所、浅草、神田、築地の各教会が全壊あるいは焼失。 |
| | ※この年、聖心会により兵庫県武庫郡住吉村に住吉聖心女子学院を創立。 | |
| 1924年 | 6月28日 | 戸塚文卿、パリのサン・スルピス神学校聖堂にて司祭叙階。 |
| | 8月 | ナミュール・ノートルダム修道女会の6名の会員来日。清心高等女学校(現・清心中学・高等学校) の経営を移管される。 |
| 1925年 | 3月5日 | 聖ドミニコ宣教修道女会来日。 |
| | 4月 | ヌヴェール愛徳修道会、聖母女学院高等女学校 (現・聖母女学院中学・高等学校) を開校。/殉教者聖ゲオルギオのフランシスコ修道会、札幌藤高等女学校 (現・藤女子中学・高等学校) を開校。 |
| | 5月8日 | 聖母訪問会、東京教区立として東京大司教より正式認可 (起源は1915年)。 |
| | 6月6日 | 岩下壮一、ヴェネツィア聖母被昇天教会にて司祭叙階 (ヴェネツィア教区)。 |
| 1926年 | 2月8日 | 9名のサレジオ会の会員が門司港に到着。その後、サレジオ会は宮崎へ。 |
| | 6月28日 | ライネルス新潟知牧を名古屋知牧に任命 (1941年辞任)。それに伴いチェスカ神父 (神言会) を新潟知牧に任命。 |
| | 12月4日 | 無原罪聖母宣教女会の3名の会員来日。 |
| | ※この年、住吉聖心女子学院を現在地 (現・宝塚市塔の町) に移転し、小林聖心女子学院と改称。 | |
| 1927年 | 3月16日 | シャンボン神父 (パリ外国宣教会)を東京大司教に任命 (叙階は5月4日)。 |
| | 3月18日 | 長崎教区より、鹿児島・沖縄両県が分離され、鹿児島知牧区となり、フランシスコ会 (カナダ管区) に委託。 |
| | 7月16日 | 長崎教区より福岡・佐賀・熊本・大分・宮崎の5県が分離して福岡教区となり、パリ外国宣教会に委託。初代司教は同会のティリー神父 (司教叙階は12月11日)。長崎教区はパリ外国宣教会の手を離れて邦人教区となり、長崎教区司教として早坂久之助神父を任命。 |
| | 10月27日 | 早坂久之助神父、バチカンにて日本人初の司教として叙階される。 |

| | |
|---|---|
| | 11月23日　初代鹿児島知牧としてロア神父（フランシスコ会）を任命（1936年辞任）。<br>※この年、ベルリオーズ函館司教が引退し、使徒座管理者にウット神父（パリ外国宣教会）を任命。 |
| 1928年 | 3月27日　宮崎・大分両県は「独立宣教区」としてサレジオ会に委託される。<br>5月8日　聖体と愛徳のはしため礼拝修道女会（礼拝会）の3名の会員、神戸に到着。<br>5月10日　上智大学、「大学令」による設立認可。<br>5月18日　広島代牧としてロス神父（イエズス会）を任命（名義司教叙階は8月5日）。<br>9月23日　ベリス・メルセス宣教修道女会の8名の会員来日。<br>※この年の夏にドミニコ会（カナダ管区）の4名の会員来日。 |
| 1929年 | 3月　聖ドミニコ宣教修道女会来日（松山）。<br>3月18日　札幌代牧としてキノルド神父を任命（名義司教叙階は8月9日）。<br>3月30日　札幌知牧区、代牧区に昇格。<br>10月17日　石神井に聖フランシスコ・ザベリオ神学校（東京公教大神学校）開校（関口台の東京公教神学校は東京小神学校として存続。1945年閉鎖）。<br>12月14日　扶助者聖母会（現・サレジアン・シスターズ）の6名の会員、宮崎に到着。<br>12月　『声』『カトリック』の刊行をカトリック中央出版部に移す。<br>※この年、出版活動を統制し、カトリック系定期刊行物の刊行を強化するために、カトリック中央出版部を設立。 |
| 1930年 | 3月　伊東静江（カトリック信者）により大和学園高等女学校（現・聖セシリア女子中学・高等学校）開校。<br>4月　澁谷治神父（教区司祭）・ラルボット神父（イエズス会）、岡山にカトリック思想科学研究所を設立。／サレジオ会、大分県中津市に中津神学研究所を開設。<br>4月24日　コンベンツアル聖フランシスコ修道会の3名（コルベ神父、ゼノ修道士、ヒラリオ修道士）、長崎に到着。<br>5月24日　コンベンツアル聖フランシスコ修道会、雑誌『無原罪の聖母の騎士』の刊行を開始。 |
| 1931年 | 1月　『カトリック・タイムス』『日本カトリック新聞』（週刊）と改称。<br>3月30日　ムーニー司教（駐インド教皇庁使節）を第3代駐日教皇庁使節として任命。<br>4月　ベリス・メルセス宣教修道女会により光塩高等女学校（現・光塩女子学院中等科・高等科）、開校。<br>6月9日　福岡教区司教にブルトン神父（パリ外国宣教会）を任命（司教叙階は9月29日）。<br>10月6日　聖ドミニコ女子修道会来日（仙台）。<br>11月　函館教区はドミニコ会（カナダ管区）に委託される。<br>※この年、アルバレス四国知牧が病気のため辞任し、デ・ラ・ホス神父（台湾知牧 |

| | |
|---|---|
| | ・ドミニコ会）を四国知牧区の使徒座管理者に任命。／函館教区の使徒座管理者にデュマス神父（ドミニコ会）を任命。／ベネディクト会の２名の会員、名古屋に到着。1944年に離日。／聖名会（イエズス・マリア御名修道女会）来日。鹿児島で活動するも、1940年に離日。 |
| 1932年 | ４月　神言会により南山中学校（旧制）開校。<br>４月11日　福岡公教神学校（1936年泰星中学校と改称）開校。<br>５月５日　上智大学学生たちによる靖国神社参拝拒否事件発生。<br>９月22日　ムーニー教皇庁使節とシャンボン東京大司教、文部省へ請願書を提出。<br>９月30日　文部省、「雑宗140号」にて請願書に回答。<br>10月20日　コングレガシオン・ド・ノートルダム修道会の５名の会員、福島に到着。<br>10月21日　ラ・サール会の４名の会員、函館に到着。<br>11月　東京目黒区原町に診療所聖ヨハネ病院開設。<br>12月１日　田口芳五郎著『カトリック的国家観―神社参拝を繞りて』刊行。<br>12月７日　陸軍省、上智大学配属将校北原一視大佐の異動を発表。<br>※この年、聖フランシスコ・ザベリオ神学校、日本地方大神学校に昇格。 |
| 1933年 | ２月25日　女子跣足カルメル修道会来日（東京カルメル会女子修道院創立へ）。<br>４月　聖名会により聖名高等女学校（現・鹿児島純心中学・高等学校）開校。<br>８月31日　メリノール宣教会の３名の会員、横浜に到着。<br>９月15日　マレラ神父を名義司教に任命（名義司教叙階は10月29日）。<br>10月３日　クリスト・ロア宣教修道女会の４名の会員、鹿児島に到着。／サン・スルピス司祭会（カナダ管区）の２名の会員、横浜に到着（直後に神戸へ）。<br>10月24日　聖ヴィンセンシオ・ア・パウロの愛徳姉妹会の４名の会員、大阪に到着。<br>10月30日　マレラ司教を第４代駐日教皇庁使節に任命。<br>12月19日　マレラ教皇庁使節、着任。<br>12月21日　上智大学配局将校として小出治雄大佐を任命。<br>※この年、長崎公教神学校（現・長崎南山中学・高等学校）および宮崎小神学校（現・日向学院中学・高等学校）、開校。 |
| 1934年 | ２月　岩下壮一、財団法人聖フィリッポ寮を開設。<br>３月　大島高等女学校、廃校。<br>４月18日　ローマ教皇庁と「満州国」の間の国交樹立（「満州国」の「宗教的承認」）。<br>６月５日　聖血礼拝修道女会来日。<br>６月９日　早坂久之助司教（長崎）、長崎純心聖母会（現・純心聖母会）を創立。（布教聖省からの認可は1938年）。共同創立者は江角ヤス。<br>10月　中津神学研究所、宮崎神学校と改称（初代校長はチマッティ神父）。<br>10月18日　聖母被昇天修道会（SASV）の５名の会員、青森に到着。<br>11月９日　聖心侍女修道会の４名の会員、横浜に到着。<br>12月９日　聖パウロ修道会の司祭２名、神戸に到着。 |

| | | |
|---|---|---|
| | ※聖アンナ修道会来日（福岡教区）。1941年に離日。／聖コロンバン会、朝鮮半島宣教のための日本語習得に来日（日本での宣教活動自体は1948年から）。 | |
| 1935年 | 1月28日 | 福岡教区から、宮崎・大分両県が宮崎知牧区として独立。初代知牧にチマッティ神父（サレジオ会）を任命（1940年辞任）。 |
| | 3月31日 | 九州4教区長（長崎司教・福岡司教・鹿児島知牧・宮崎知牧）、教書を発表。 |
| | 4月25日 | 「全日本教区長共同教書」発表。 |
| | 4月26日 | 煉獄援助修道会の4名の会員、広島に到着。 |
| | 11月 | 善き牧者の愛徳の聖母修道会来日。 |
| | 12月9日 | 函館教区司教にルミュー神父（ドミニコ会）を任命（司教叙階は1936年1月29日、1941年辞任）。 |
| | ※この年、四国知牧にペレス神父（ドミニコ会）を任命（1940年辞任）。／女子仏学校を白百合高等女学校と改称。 | |
| 1936年 | 1月 | 『無原罪の聖母の騎士』の誌名を『聖母の騎士』に変更。 |
| | 3月9日 | 函館教区、司教座を仙台に移転し、仙台教区と改称。 |
| | 4月 | 長崎純心聖母会、長崎純心高等女学校（現・純心中学・高等学校）を開校。 |
| | 4月16日 | ドミニコ会（隠棲修道女会）の6名の会員来日（盛岡）。 |
| | 5月26日 | 布教聖省指針「祖国に対する信者のつとめ」発表。 |
| | 10月14日 | 聖ウルスラ修道会の4名の会員、横浜に到着。 |
| | 11月9日 | 鹿児島知牧区の使徒座管理者に山口愛次郎神父を任命。 |
| | ※この年、聖母の騎士小神学校（現・聖母の騎士高等学校）を開校。 | |
| 1937年 | 2月18日 | ドハティ枢機卿・マレラ教皇使節・シャンボン東京大司教ほかが明治神宮・靖国神社を「参拝」。 |
| | 4月 | サン・スルピス司祭会、福岡市に予科（哲学科）神学校を開設。／イエズス会、神戸に六甲中学校（旧制。現・六甲学院中学・高等学校）を開校。 |
| | 6月 | メリノール女子修道会来日（1943年に送還帰国。再来日は1946年）。 |
| | 6月4日 | フロジャック神父（パリ外国宣教会）創立のベタニア修道女会を、布教聖省の認可に基づき東京大司教が教区立修道会として認可。 |
| | 6月17日 | 大阪教区より京都府および三重・滋賀・奈良の3県を分離して、京都知牧区を設立、メリノール宣教会に委託。 |
| | 6月18日 | 京都知牧としてバーン神父（メリノール宣教会）を任命（1904年辞任）。 |
| | 7月 | 日本カトリック新聞社を設立（初代社長は田口芳五郎神父）。 |
| | 7月1日 | 山口愛次郎神父を長崎教区司教に任命（司教叙階は11月7日）。山口長崎司教は鹿児島知牧区の使徒座管理者を兼任。 |
| | 8月1日 | サレジオ会のカヴォリ神父・チマッティ神父創立の宮崎カリタス修道女会（現・イエスのカリタス修道女会）、布教聖省が認可。 |
| | 10月1日 | 「皇国のためにする祈り」を含む『公教会祈祷文』刊行。 |

| | | |
|---|---|---|
| | 11月９日 | 東京教区より神奈川・茨城・栃木・群馬・埼玉・山梨・長野・静岡の８県が分離し、横浜教区設立。初代司教は前東京大司教のシャンボン大司教（パリ外国宣教会、1940年辞任）。 |
| | 11月14日 | 名古屋教区立小神学院が落成（1944年、空襲による焼失のため一時閉鎖）。 |
| | 12月２日 | 東京教区大司教に土井辰雄神父を任命（司教叙階は1938年２月13日）。 |
| 1938年 | １月 | 上智大学、Monumenta Nipponica を創刊。 |
| | ３月21日 | 樺太、宣教区（1932年設立）から知牧区に昇格。 |
| | ４月 | シャルトル聖パウロ修道女会、片瀬乃木高等女学校（現・湘南白百合学園中学校・高等学校）を開校。 |
| | ５月21日 | 初代樺太知牧にフェリックス・ヘルマン（フランシスコ会）を任命（1941年に辞任）。 |
| | ５月26日 | 財団法人清泉寮設立認可、東京麻布三河台に清泉寮学院開校。 |
| | ５月31日 | ライネルス名古屋知牧、至福なる童貞母の子等修道会（聖母会）創立（1949年に解散）。 |
| | ※この年、メリノール宣教会を助け、植民地宣教を目的とする聖家族布教童貞会来日（1941年解散）。 | |
| 1939年 | １月４日 | 横浜教区より、埼玉・茨城・栃木・群馬の４県が独立して浦和知牧区となり、フランシスコ会（カナダ管区）に委託。初代知牧は同会のルブラン神父（1940年辞任）。 |
| | ５月 | 東京小金井に桜町病院を開院。 |
| | ８月17日 | 戸塚文卿神父没。 |
| | ※この年、広島代牧館を岡山より広島に移動。 | |
| 1940年 | １月 | 長崎教区東陵学園を設立（現・長崎南山学園）。 |
| | ６月10日 | 鹿児島知牧区の使徒座管理者に出口一太郎神父を任命。 |
| | 10月 | 広島代牧区の使徒座管理者に荻原晃神父（イエズス会）を任命。 |
| | 10月11日 | 浦和知牧区の使徒座管理者に内野作蔵神父を任命 |
| | 11月 | 『聖母の騎士』廃刊。 |
| | 11月28日 | 出口一太郎神父、宮崎知牧区の使徒座管理者を兼任。 |
| | 11月30日 | 大阪教区の使徒座管理者に田口芳五郎神父を任命。 |
| | 12月３日 | 岩下壮一神父没。 |
| | 12月５日 | 横浜司教区の使徒座管理者に井手口三代市神父、札幌知牧区の使徒座管理者に戸田帯刀神父を任命。 |
| 1941年 | １月14日 | 名古屋知牧区および新潟知牧区の使徒座管理者に松岡孫四郎神父を任命。 |
| | １月16日 | 福岡司教区の使徒座管理者に深堀仙右衛門神父を任命。 |
| | ３月20日 | 東京公教大神学校、焼失。 |
| | ４月２日 | 台湾知牧区の使徒座管理者に里脇浅次郎神父を任命。 |

| | | |
|---|---|---|
| | 5月3日 | 日本天主公教教団の設立認可。 |
| | 5月8日 | 深堀仙右衛門神父、在俗会の神学校援助姉妹会を創立（現在は消滅）。 |
| | 6月 | 『布教』終刊。 |
| | 7月17日 | 戸田帯刀神父（札幌知牧区使徒座管理者）、樺太知牧区の使徒座管理者を兼任。 |
| | 11月20日 | 井手口三代市神父（横浜司教区使徒座管理者）、南洋知牧区の使徒座管理者を兼任。／仙台教区司教に浦川和三郎神父を任命（司教叙階は1942年1月18日）。 |
| | 11月25日 | 大阪教区司教に田口芳五郎神父を任命（司教叙階は12月14日）。 |
| | 12月 | 『布教』を『布教の泉』と改称して再刊。 |
| | 12月25日 | 日本天主公教教団統理者の土井辰雄東京大司教、日米開戦について教書を発表。 |
| 1942年 | 2月28日 | 山本信次郎没。 |
| | 3月 | 戸田帯刀神父（札幌知牧区使徒座管理者）、陸軍刑法違反容疑で逮捕。 |
| | 3月26日 | 日本政府、駐ローマ教皇庁特命全権公使に駐フランス公使館の原田健参事官を任命。 |
| | 5月9日 | 原田公使が教皇ピオ12世に信任状を奉呈。 |
| | 6月 | マレラ大司教が昭和天皇に信任状を奉呈（これにより、ローマ教皇庁と日本は正式に外交関係を締結）。 |
| | 8月30日 | 朝鮮の大邱代牧区の使徒座管理者に早坂久兵衛神父を任命。 |
| 1943年 | 2月7日 | 朝鮮の光州知牧区の使徒座管理者に脇田浅五郎神父を任命。 |
| | 3月10日 | ブスケ神父（パリ外国宣教会）獄死。 |
| | 4月 | 聖心女子学院高等女学校（現・聖心女子学院中等科・高等科）、開校。 |
| | 11月18日 | 日本天主公教教団臨時教区長会議において、大東亜神学校設立を決定。 |
| | 11月23日 | 井手口神父（横浜司教区および南洋教区の使徒座管理者）、香港港外にて魚雷により戦死。 |
| | ※この年、福岡の予科神学校、大神学校として布教聖省より認可。 | |
| 1944年 | 3月9日 | 福岡教区司教に深堀仙右衛門神父を任命（司教叙階は5月28日）。 |
| | 6月8日 | 岡村ふく、東京にて福音史家聖ヨハネ布教修道会創立。 |
| | 8月3日 | 戸田帯刀使徒座管理者（札幌知牧区）を横浜司教区の使徒座管理者に任命。それに伴い、札幌知牧区の使徒座管理者に瀬野勇神父を任命。 |
| | ※この年、聖ヨハネ小神学院、焼失により閉鎖。／明星商業学校は明星工業学校となる。 | |
| 1945年 | 2月 | 『声』休刊。 |
| | 2月25日 | 『日本カトリック新聞』休刊。 |
| | 3月 | 伊東静江により大和女子農芸専門学校を開校。 |
| | 8月9日 | 浦上天主堂、原爆にて崩壊。 |

| | |
|---|---|
| | ８月18日　戸田神父（横浜司教区使徒座任命管理者）、保土ヶ谷教会司祭館（当時、仮の教区長館）にて何者かに射殺される。<br>10月23日　吉満義彦没。<br>11月18日　深堀福岡教区司教を宮崎知牧区の使徒座管理者に任命。<br>11月28日－30日　全国臨時教区長会議を上智大学にて開催。<br>12月　『光明』復刊（1968年12月で終刊）。<br>12月１日　日本天主公教教区連盟を設立。<br>12月13日　内野作蔵神父を浦和知牧に任命（1957年辞任）。 |
| 1946年 | ２月10日　『日本カトリック新聞』を『カトリック新聞』と改称して復刊。<br>４月　『声』復刊。<br>５月　『聖母の騎士』復刊。<br>５月８日－10日　日本天主公教教区連盟の定例会議にて、東京に加えて福岡にも大神学校を設置し、東京をイエズス会に、福岡はサン・スルピス司祭会に委託することを決定。<br>12月２日　布教聖省、イエズス会への東京公教大神学校委託を認可。<br>※この年、メリノール会およびメリノール女子修道会再来日。／1945年創設の大阪仮神学校、小神学校に改組（1973年閉鎖）。 |
| 1947年 | １月13日　琉球列島は鹿児島知牧区から切り離され、教皇庁直轄の琉球列島使徒座管理区として一時的にグアム使徒座代理区に委託。<br>３月25日　横浜教区司教に脇田浅五郎神父を任命（司教叙階は５月27日）。<br>４月　新制明星中学校設立。<br>５月15日　東京公教大神学校、復興式。<br>８月15日　聖クララ会（コレタ派）来日。<br>９月５日　カプチン・フランシスコ会の２名の会員、沖縄に到着。<br>12月10日　援助マリア修道会来日。<br>※この年、聖ベネディクト布教修道女会、朝鮮半島より来日（1961年に韓国へ移転）。 |
| 1948年 | １月６日　聖コロンバン会の２名の会員、神戸に到着。<br>２月　東京カトリック神学院（諸教区共立神学校）開校。<br>４月１日　聖心女子大学開学。／新制明星高等学校、新制海星中学・高等学校設立。<br>４月15日　福岡にサン・スルピス大神学校（最終的な名称は、福岡サン・スルピス大神学院）開校。<br>５月８日　レデンプトール会（サンタンヌ・ド・ボープレ管区）の３名の会員、横浜に到着。／淳心会（スクート会）の２名の会員、横浜に到着。<br>６月５日　スカボロ外国宣教会の３名の会員来日。<br>６月26日　レデンプトール会（トロント管区）来日。／聖母奉献修道会の４名の会員、横浜に到着。<br>８月６日　聖パウロ女子修道会の４名の会員、横浜に到着。 |

| | | |
|---|---|---|
| | 8月15日 | 田口芳五郎司教（大阪）創立の大阪聖ヨゼフ布教修道女会（現・大阪聖ヨゼフ宣教修道女会）、布教聖省より認可される。／聖ヴィアトール修道会の3名の会員来日。 |
| | 9月25日 | ベトレヘム外国宣教会の4名の会員、横浜に到着。 |
| | 11月 | ケベック外国宣教会の3名の会員来日。 |
| | 11月16日 | 善きサマリア人修道会の6名の会員来日。 |
| | 11月21日 | アトンメントのフランシスコ女子修道会来日。 |
| | 11月28日 | ノートルダム教育修道女会の4名の会員、東京に到着。 |
| | 11月29日 | オブレート会（聖母献身宣教会・アメリカ管区）の3名の会員、神戸に到着。 |
| | 12月1日 | 聖フランシスコ病院修道女会の2名の会員、東京に到着。 |
| | ※この年、6月および11月に聖母奉献修道会の合計9名の会員来日。 | |
| 1949年 | 1月21日 | 琉球列島使徒座管理区をグアム使徒座代理区から離し、琉球列島使徒座管理区長にレイ神父（カプチン・フランシスコ会）を任命。 |
| | 3月 | カトリック青年労働者連盟（JOC）男子部、小倉で開始。／聖ヨハネ小神学院、再開。 |
| | 3月21日 | ド・フュルステンベルグ神父を第5代駐日教皇庁使節として任命（名義司教叙階は4月25日）。 |
| | 3月26日 | 聖ビンセンシオの宣教会（ラザリスト会）の1名の会員来日。 |
| | 4月 | 南山大学、ノートルダム清心女子大学開学。 |
| | 5月 | カトリック青年労働者連盟（JOC）女子部開始。 |
| | 5月2日 | 南山大学開学 |
| | 5月（7月？） | マリスト会の1名の会員来日（2012年離日）。 |
| | 5月14日 | フランシスコ会（アクィタニア管区）来日。 |
| | 5月29日 | 聖フランシスコ・ザビエル渡日400年記念式典（6月12日） |
| | 6月17日 | 愛徳カルメル修道女会の6名の会員、神戸に到着。 |
| | 7月2日 | ド・フュルステンベルグ教皇庁使節、着任。 |
| | 7月23日 | イエズス・マリアの聖心会の3名の会員、横浜に到着、 |
| | 9月12日 | 厳律贖罪女子修道会の4名の会員、来日（1970年解散）。 |
| | 9月17日 | 聖クララ会（仁川）の創立式。 |
| | 9月21日 | 汚れなきマリア修道会来日。 |
| | 11月1日 | 天使の聖母宣教修道女会の3名の会員来日。 |
| | 11月20日 | 三位一体の聖体宣教女会の5名の会員、横浜に到着。 |
| | 12月8日 | ミロハナ神父（コンベンツアル聖フランシスコ修道会）、けがれなき聖母の騎士聖フランシスコ修道女会創立（長崎教区立）。 |
| | 12月21日 | 聖ザベリオ宣教会の3名の会員、神戸に到着。 |
| 1950年 | 1月12日 | ウィチタ聖ヨゼフ修道会（現・聖ヨゼフ修道会）の3名の会員来日。 |

| | | |
|---|---|---|
| | 1月28日 | レデンプトリスチン修道会（厳律・至聖贖罪主女子修道会）来日（鎌倉）。 |
| | 3月 | 大和女子農芸専門学校を大和農芸家政短期大学に改称。 |
| | 4月1日 | 藤女子短期大学（2001年廃止）、天使厚生短期大学（2000年改組）、聖母女子短期大学（2006年廃止）純心女子短期大学（2000年に長崎純心大学短期大学部に改組。2006年廃止）、清泉女子大学開学。 |
| | 5月2日 | 師イエズス修道女会来日。 |
| | 5月23日 | フランシスコ会（ボロニア管区）来日。 |
| | 9月 | ミラノ外国宣教会来日。 |
| | 9月15日 | 教皇庁使節館、千代田区三番町に移転。 |
| | 10月3日 | エスコラピオス修道会（男子）の会員2名、東京に到着。 |
| | 11月17日 | 聖心布教会の日本地区創設。 |
| | ※この年、聖ベネディクト修道会の3名の会員、中国より来日。 | |
| 1951年 | 2月 | 聖心布教会の4名の会員、名古屋に到着。 |
| | 2月20日 | マリアの娘エスコラピアス修道女会来日。 |
| | 4月 | 和歌山女子専門学校（1947年設置）を和歌山女子短期大学に改組（1955年に和歌山信愛女子短期大学に改称）。 |
| | 5月1日 | 永井隆没。 |
| | 5月12日 | カノッサ修道会の4名の会員来日。 |
| | 5月14日 | パリミッション女子会来日。／聖ヨゼフ女子修道会の4名の会員、横浜に到着（1957年離日）。 |
| | 7月 | フランシスコ会（ローマ管区）来日。 |
| | 7月12日 | 京都知牧区、司教区に昇格。初代司教に古屋義之神父を任命（司教叙階は9月21日）。 |
| | 7月21日 | キリスト教教育修士会（カナダ管区）の3名の会員来日。 |
| | 7月30日 | マリスト教育修道士会3名の会員来日。 |
| | 8月13日 | 聖ヨハネ病院修道会の2名の会員来日。 |
| | 9月8日 | クラレチアン宣教会の6名の会員、大阪に到着。 |
| | 9月27日 | イエズス孝女会の2名の会員来日。 |
| | 10月23日 | 御聖体の宣教クララ修道会の4名の会員来日。 |
| | 10月 | フランシスコ会（オランダ管区）来日。 |
| | 11月17日 | 永久聖体礼拝の聖クララ会来日（1988年にクララ会に併合）。 |
| | 11月23日 | キリスト・イエズスの宣教会来日。 |
| | 12月4日 | 男子跣足カルメル会の6名の会員、中国より名古屋に到着。 |
| | 12月13日 | 横浜教区司教に荒井勝三郎神父を任命（司教叙階は1952年2月24日）。 |
| | ※汚れなき御孕り修道女会（1958年離日）来日。 | |
| 1952年 | 1月23日 | 日本と教皇庁との外交関係再開。 |
| | 1月25日 | 琉球列島をカプチン・フランシスコ会（ニューヨーク管区）に委託。 |

| | |
|---|---|
| | 2月　　真生会館（聖フィリッポ寮の後身）開館。<br>2月5日　聖心のウルスラ宣教女修道会の4名の会員来日。<br>2月28日　布教聖省、南西諸島北部8島（宝島、小宝島、悪石島、諏訪瀬島、平島、臥蛇島、中之島、口之島）の管轄を鹿児島知牧区に移動。<br>3月29日　聖母被昇天修道会（R.A.）の5名の会員来日。<br>4月　　エリザベト音楽短期大学開学。<br>4月22日－25日　全国教区長会議開催。カトリック教区連盟をカトリック中央協議会と改称。<br>4月28日　駐日ローマ教皇庁使節館を公使館に昇格。ド・フュルステンベルク教皇庁使節は初代教皇庁公使に。<br>5月11日　フランシスコ会（ニューヨーク管区）来日。<br>11月11日　聖アウグスチノ修道会の3名の会員、長崎に到着。<br>12月11日　札幌代牧区、司教区に昇格。初代札幌教区司教に冨澤孝彦神父を任命（司教叙階は1953年3月19日）。<br>12月12日　フランシスコ会（ヴェネツィア管区）来日。<br>※この年、幼き聖マリア修道会来日。ナザレト姉妹会、仙台で創立（1957年に大阪聖ヨゼフ宣教修道女会に併合）。 |
| 1953年 | 1月5日　スペイン外国宣教会（ブルゴス外国宣教会）の2名の会員来日。<br>1月30日　樺太知牧に冨沢孝彦神父を任命。<br>3月2日　スピノラ修道女会来日。<br>3月9日　御受難修道会の5名の会員、大阪に到着。<br>3月13日　新潟知牧に野田時助神父を任命。<br>8月19日　聖マリアの無原罪教育宣教修道会の3名の会員来日。<br>9月10日　レデンプトール会（ミュンヘン管区）の会員来日。<br>11月14日　ケベック・カリタス修道女会の3名の会員来日。<br>※この年、病院の恢復なる聖マリア修道会来日（1970年離日）。／新潟小神学校開校（1966年閉鎖）。 |
| 1954年 | 2月11日　ゲマインダ神父（神言会）、聖母カテキスタ会（現・聖マリア在俗会）創立。<br>2月21日　仙台教区司教に小林有方神父を任命（司教叙階は5月3日）。<br>4月　　聖霊女子短期大学開学。<br>4月18日　深堀仙右衛門福岡司教、福音の光修道会創立。<br>8月15日　レイ神父（カプチン・フランシスコ会）、聖マリアの汚れなき御心のフランシスコ姉妹会を創立。<br>9月24日　聖ベルナルド女子修道会来日。<br>※この年、イエスの小さい姉妹の友愛会来日。／聖アントニオ神学院開校。／天使厚生短期大学、天使女子短期大学と改称。 |

| | | |
|---|---|---|
| 1955年 | 2月25日 | 鹿児島知牧区、司教区に昇格。初代司教に里脇浅次郎神父を任命（司教叙階は3月3日）。 |
| | 4月 | 桜の聖母女子短期大学、神戸海星女子学院短期大学（2000年に廃止）開学。 |
| | 5月8日 | 奄美5島（奄美大島、喜界島、徳之島、沖永良部島、与論島）を、鹿児島知牧区に正式編入。 |
| | 11月28日 | 汚れなきマリアのクラレチアン宣教修道女会の3名の会員来日。 |
| | ※この年、フランシスコ・ザベリオ修道女会来日（1977年離日）。 | |
| 1956年 | 1月18日 | 守護の天使の姉妹修道会来日。 |
| | 8月14日 | カロンデレットの聖ヨゼフ修道会来日。 |
| | 8月16日 | グアダルペ宣教会の3名の会員、横浜に到着。 |
| | 10月23日 | 聖母宣教修道女会来日（1971年離日）。 |
| | 11月1日 | 聖ルドヴィコ神学院（長崎）落成。 |
| | 11月 | イエスの小さい兄弟会来日。 |
| | ※この年、長崎における32の女部屋が合併し聖婢姉妹会が発足。 | |
| 1957年 | 4月 | 賢明女子短期大学開学（2008年廃止）。 |
| | 5月16日 | 盛岡ドミニコ会（隠世修道女会）ロザリオの聖母修道院より6名の会員、名古屋に到着（瀬戸市・聖ヨゼフ修道院を創立）。 |
| | 9月15日 | 御受難修道女会の4名の会員、横浜に到着。 |
| | 9月29日 | アトンメントのフランシスコ女子修道会来日。 |
| | 12月16日 | 浦和知牧区、司教区に昇格。 |
| | 12月24日 | 初代浦和教区司教に長江恵神父を任命（司教叙階は1958年4月13日）。 |
| 1958年 | 1月23日 | 「蟻の町のマリア」北原怜子没。 |
| | 4月1日 | 在ローマ教皇庁公使館を大使館に昇格。 |
| | 7月8日 | アシジの聖フランシスコ宣教修道女会の3名の会員、横浜に到着。 |
| | 12月26日 | 王たるキリストの在俗布教会来日。 |
| 1959年 | 4月 | 大阪信愛女子短期大学開学。／エリザベト音楽短期大学、エリザベト短期大学（3年制）と改称。 |
| | 5月10日 | 聖マリア修道女会の2名の会員来日。 |
| | 5月14日 | 長崎司教区、大司教区に昇格。山口長崎司教を大司教に任命。 |
| | 6月30日 | 広島代牧区、司教区に昇格。 |
| | 10月10日 | マリアの御心会（マリアの御心子女会）の1名の会員、東京に到着。 |
| | 10月11日 | マリア布教修道女会の3名の会員、神戸に到着。 |
| | 11月1日 | 再建された浦上天主堂の献堂式。 |
| | 12月29日 | 初代広島教区司教に野口由松神父を任命（司教叙階は1960年5月8日）。 |
| 1960年 | 1月5日 | 第2代教皇庁公使にエンリーチ大司教を任命。 |
| | 3月28日 | 土井東京大司教を枢機卿に親任。 |

| | | |
|---|---|---|
| | 4月 | 星美学園短期大学、鹿児島純心女子短期大学開学。 |
| | 4月9日 | エンリーチ教皇庁公使、着任。 |
| | 9月7日 | オタワ愛徳修道女会の3名の会員来日。 |
| | ※この年、日本司教団移民委員会および（財）日本カトリック移住協議会事務局設立。 | |
| 1961年 | 4月1日 | 藤女子大学、およびノートルダム女子大学開学。／大阪信愛女子短期大学、大阪信愛女学院短期大学と改称。 |
| | 6月 | 『聖書と典礼』創刊。 |
| | 9月30日 | 幼き聖マリア修道会の2名の会員、名古屋に到着。 |
| | 11月7日 | 日本女子修道会連盟発足。 |
| | 12月22日 | 宮崎知牧区は司教区に昇格し、大分教区となる。初代大分教区司教に平田三郎神父を任命（司教叙階は翌年3月26日）。 |
| 1962年 | 4月 | 聖母女学院短期大学、英知短期大学（1974年廃止）開学。 |
| | 4月16日 | 名古屋知牧区、司教区に昇格。初代司教は松岡孫四郎神父（司教叙階は6月2日）。／新潟知牧区、司教区に昇格。初代新潟司教に伊藤庄治郎神父を任命（司教叙階は6月14日）。 |
| | 4月29日－5月6日 | 横浜で日本再布教100年祭式典を挙行。 |
| | 6月 | 横浜小神学校、開校（1992年閉鎖）。 |
| | 6月10日 | 日本二十六聖人列聖100周年を記念して、長崎市に日本二十六聖人記念館が開館。 |
| | 10月13日 | 第3代教皇庁公使にカーニャ大司教を任命。 |
| | ※この年、聖ヨハネ神学院、布池教会敷地内に移転（現在は閉鎖）。 | |
| 1963年 | 1月9日 | カーニャ教皇庁公使、着任。 |
| | 4月 | 青森明の星短期大学、英知大学、エリザベト音楽大学（エリザベト短期大学廃止）開学。 |
| | 6月2日 | 富沢孝彦司教、聖ヴィアンネ会（在俗会）創立。 |
| | 9月13日 | 四国知牧区、司教区に昇格し、高松教区となる。初代司教に田中英吉神父を任命（司教叙階は10月20日）。 |
| | 12月8日 | 第二バチカン公会議第2会期を終え、日本司教団共同声明文を発表。 |
| | ※この年、ヴィタ・エト・パックス（在俗会）来日。 | |
| 1964年 | 4月 | ノートルダム清心女子短期大学開学（2003年廃止）。 |
| | 4月21日－24日 | 全国司教会議を開催し、典礼全国委員会設置を決定。 |
| | 11月25日 | 第二バチカン公会議第3会期を終え、日本司教団メッセージを発表。 |
| | 12月8日 | 丹下健三設計の東京カテドラル聖マリア大聖堂、献堂式。 |
| 1965年 | 2月 | オリエンス宗教研究所、開所 |
| | 3月16日－18日 | 信徒発見100周年記念行事を開催。 |
| | 4月1日 | 白百合女子大学、および神戸海星女子学院大学、開学。 |
| | 5月3日 | レデンプトール宣教修道女会の3名の会員来日。 |

| | |
|---|---|
| | 12月５日　第二バチカン公会議第４会期を終え、日本司教団は帰国後共同教書を発表。<br>※この年、桐生市に聖クララ会修道院創立。／援助在俗会、日本で活動開始。 |
| 1966年 | ３月８日－10日　全国司教会議開催。公会議での決定事項の実施を検討。<br>３月15日　東京大司教区補佐司教に白柳誠一神父を任命（司教叙階は５月８日）。<br>４月　仙台白百合短期大学（2003年廃止）、聖園学園短期大学、カリタス女子短期大学（2017年廃止）、聖カタリナ女子短期大学（2004年に聖カタリナ大学短期大学部に名称変更）開学。<br>５月10日－13日　定例全国司教会議開催。日本カトリック司教協議会の結成。<br>６月14日　駐日ローマ教皇庁公使館、大使館に昇格。公使のカーニャ大司教、初代教皇庁大使となる。<br>10月24日　第二代教皇庁大使にヴュステンベルク大司教を任命（名義司教叙階は12月21日）。<br>※この年、四旬節「愛の運動」（現・「四旬節キャンペーン」）開始。 |
| 1967年 | ２月28日　ヴュステンベルク教皇庁大使、着任。<br>４月１日　被昇天女子短期大学、緑ヶ丘学園短期大学（現・聖ウルスラ学園短期大学）、開学。<br>12月21日　十字架のイエズス修道女会の４名の会員（日本人３名、イギリス人１名）、東京に到着。<br>※この年、韓国殉教福者修道女会（2016年離日）来日。 |
| 1968年 | ３月11日　琉球代牧にレイ琉球使徒座管理区長を任命（名義司教叙階は６月９日）。<br>４月１日　南山短期大学（2001年に南山大学短期大学部と改称し、2020年廃止）、久留米信愛女学院短期大学（2018年、久留米信愛短期大学と改称し、共学化）開学。<br>６月14日　新しい３種類のミサ典礼文の使用認可を発表。<br>12月19日　長崎大司教に里脇鹿児島司教を任命（着座は1969年３月16日）。 |
| 1969年 | ４月18－20日　信徒使徒職推進全国会議開催。<br>５月　「正義と平和連絡室」の設立。<br>５月３－５日　カトリック労働者運動全国組織推進委員会、開催。カトリック労働者運動（ACO）発足。<br>６月24日　大阪教区、大司教区に昇格。<br>６月26日　名古屋教区司教に相馬信夫神父を任命（司教叙階は９月15日）。<br>７月24日　初代大阪大司教に田口司教を任命。<br>11月15日　東京教区協働大司教に白柳補佐司教を任命。／福岡教区司教に平田大分司教を任命（着座は1970年１月23日）。／大分教区司教に平山高明神父を任命（司教叙階は1970年１月25日）。／鹿児島教区司教に糸永真一神父を任命（司教叙階は1970年１月18日）。<br>※この年、福島県にドミニコ会（隠世修道女会）雪の聖母修道院創立。 |

| | | |
|---|---|---|
| 1970年 | 1月 | 愛徳修道士会の４名の会員来日。 |
| | 1月29日 | カリタス・ジャパン創立。 |
| | 2月5日 | 東京教区補佐司教に濱尾文郎神父を任命（司教叙階は４月29日）。／大阪教区補佐司教に安田久雄神父を任命（司教叙階は３月21日）。 |
| | 2月21日 | 土井辰雄枢機卿没。それに伴い白柳大司教が東京大司教に就任。 |
| | 4月1日 | 名古屋聖霊短期大学開学（2005年廃止）。 |
| | 5月 | 「正義と平和連絡室」を「正義と平和司教委員会」とすることが承認される（事柄により「正義と平和委員会」として活動）。 |
| | 9月 | 聖ペトロ・パウロ労働宣教会来日。 |
| | 12月 | 福音の小さい兄弟会来日。 |
| | ※この年、伊藤庄治郎新潟司教により、聖体奉仕会創立。／ヨゼフの小さき姉妹会来日（1972年離日）。／東京カトリック神学院はイエズス会から日本司教団に移管。 | |
| 1971年 | 4月 | 新しい要理書『カトリック入門』刊行。 |
| | 4月1日 | 東洋医科大学（現・聖マリアンナ医科大学）、明の星女子短期大学（2003年廃止）開学。 |
| | ※ノートルダム・ド・ヴィ（いのちの聖母会）来日。 | |
| 1972年 | 4月 | 緑ヶ丘学園短期大学、緑ヶ丘学園延岡短期大学と改称。 |
| | 6月29日 | 日本司教団共同声明「社会に福音を」発表。 |
| | 12月18日 | 琉球使徒座管理区、司教区に昇格。初代那覇教区司教に石神忠真郎神父（カプチン・フランシスコ会）を任命（司教叙階は1973年２月11日）。 |
| 1973年 | 3月5日 | 田口大阪大司教を枢機卿に親任。 |
| | 3月17日 | いつくしみの聖母会（在俗会）来日。 |
| | 4月 | 上智短期大学開学。／大和農芸家政短期大学を大和学園女子短期大学に改称。 |
| | 4月1日 | 東洋医科大学を聖マリアンナ医科大学に改称。 |
| 1974年 | 1月10日 | 第３代教皇庁大使にロトリ大司教を任命。 |
| | 4月1日 | ロトリ教皇庁大使、着任。 |
| | 5月 | 日本司教協議会、アジア司教協議会連盟（FABC）への加盟決定。 |
| | 6月 | 「正義と平和委員会」、「正義と平和協議会」として新発足。 |
| | ※この年、聖書100週間が上野教会で始まる。 | |
| 1975年 | 3月25日 | お告げのマリア修道会（聖婢姉妹会を改称）創立。 |
| 1976年 | 1月24日 | 仙台教区司教に佐藤千敬神父（ドミニコ会）を任命（司教叙階は３月20日）。 |
| | 7月8日 | 京都教区司教に田中健一神父を任命（司教叙階は９月23日）。 |
| | 12月24日 | 神の御摂理修道女会の４名の会員来日。 |
| 1977年 | 7月7日 | 高松教区司教に深堀敏神父を任命（司教叙階は９月23日）。 |
| | 10月5日 | ロトリ教皇庁大使、急逝。 |
| | 11月16日 | 第４代教皇庁大使にガスパリ大司教を任命。 |

| | | |
|---|---|---|
| | 12月3日 | 長崎教区補佐司教に松永久次郎神父を任命（司教叙階は1978年2月5日）。 |
| | 12月22日 | ガスパリ教皇庁大使、着任。 |
| | ※この年、宣教司牧センター設立。 | |
| 1978年 | 2月23日 | 田口枢機卿没。 |
| | 3月 | 神の愛の宣教者会（男子）来日。 |
| | 11月15日 | 大阪大司教に安田大阪教区補佐司教が就任。 |
| 1979年 | 6月30日 | 里脇長崎大司教、枢機卿に親任。 |
| | 10月30日 | 横浜教区司教に濱尾東京教区補佐司教を任命。 |
| | 12月20日 | 浦和教区司教に島本要神父を任命（司教叙階は1980年3月20日）。／福音の小さい姉妹会来日。 |
| 1980年 | 5月20日 | 日本司教団、教皇ヨハネ・パウロ2世に正式に訪日を招請。 |
| | 10月6日 | 日本司教団、靖国法案反対の首相宛要望書を作成。 |
| 1981年 | 2月18日 | 教皇ヨハネ・パウロ2世、マニラで長崎16殉教者を列福。 |
| | 2月23日－26日 | 教皇ヨハネ・パウロ2世日本を公式訪問。 |
| | 2月26日 | 教皇による殉教者記念ミサ（長崎）。 |
| | 4月 | 清泉女学院短期大学開学。 |
| | 4月22日 | マザー・テレサ初来日。 |
| | 5月24日 | 神の愛の宣教者会（女子）来日。 |
| 1982年 | 4月22日 | マザー・テレサ再来日。 |
| | 4月24日 | ゼノ修道士（コンベンツアル聖フランシスコ修道会）没。 |
| | 10月10日 | マキシミリアノ・マリア・コルベ神父列聖。 |
| 1983年 | 5月18日 | 世界平和と教会一致を祈るカトリックと聖公会の合同集会、東京にて開催。 |
| | 6月23日 | ガスパリ教皇庁大使急逝。 |
| | 8月30日 | 第5代教皇庁大使にカルー大司教を任命。 |
| | 11月18日 | カルー教皇庁大使着任。 |
| | ※この年、日本司教団移民委員会を、日本カトリック国際協力委員会滞日アジア人女性を支える会に改称。／泰星中学・高等学校（現・上智福岡中学・高等学校）をイエズス会に経営移管。 | |
| 1984年 | 4月 | 大和学園女子短期大学を大和学園聖セシリア女子短期大学に改称。 |
| | 6月22日 | 日本司教団、定例司教総会において「日本の教会の基本方針と優先課題」発表。 |
| | 7月5日 | 常任司教委員会、「日本の教会の基本方針と優先課題の解説」発表。 |
| | 8月 | 韓国よりイエズス聖心侍女会の2名の会員来日（カトリック東京韓人教会のため）。 |
| | 12月3日 | 東京教区補佐司教に森一弘神父を任命（名義司教叙階は1985年2月23日。2000年5月10日辞任）。 |
| | ※この年、部落問題委員会設立。 | |

| | | |
|---|---|---|
| 1985年 | 1月 | 『福音宣教』創刊。 |
| | 3月9日 | 新潟教区司教に佐藤敬一神父（フランシスコ会）を任命（司教叙階は6月9日）。 |
| | 3月29日 | 広島教区司教に三末篤實神父を任命（司教叙階は6月16日）。 |
| | 10月20日 | フランシスカン・チャペルセンター（六本木）で初の韓人教会ミサ。 |
| | ※この年、日本カトリック国際協力委員会滞日アジア人女性を支える会を、日本カトリック国際協力委員会滞日外国人と連帯する会に改称。 | |
| 1986年 | 4月 | 聖マリア学院短期大学開学。 |
| | 7月1日 | 南山大学監修『第2バチカン公会議公文書全集』出版。 |
| 1987年 | 4月 | 被昇天女子短期大学、聖母被昇天女子短期大学に改称（2005年廃止）。 |
| | 10月3日 | 札幌教区司教に地主敏夫神父を任命（司教叙階は1988年1月15日）。 |
| | 11月20日－23日 | 第1回福音宣教推進全国会議（NICE 1）を京都にて開催（テーマは開かれた教会づくり）。 |
| | ※この年、南九州小神学院開校（現在は閉鎖）。 | |
| 1988年 | 1月13日 | 日本司教団、NICE 1に応える「ともに喜びをもって生きよう」を発表。 |
| | 4月 | 聖カタリナ女子大学開学。 |
| 1989年 | 4月 | 長崎公教神学校を長崎カトリック神学院と改称。 |
| | 12月15日 | 日本司教団、「ともに手をたずさえて――第1回福音宣教推進全国会議の理解を深めるために」を発表。 |
| 1990年 | 4月 | 緑ヶ丘学園延岡短期大学を聖ウルスラ学園短期大学に改称。 |
| | 10月6日 | 福岡教区司教に松永久次郎長崎教区補佐司教を任命（着座は1991年1月15日）。 |
| | ※この年、ベルブム・デイ宣教会来日。 | |
| 1991年 | 4月15日 | 浦和教区司教に岡田武夫神父を任命（司教叙階は9月16日）。 |
| | 12月21日 | チマッティ神父、尊者に認定。 |
| | ※この年、フィリピン宣教会来日。 | |
| 1992年 | 5月11日 | 韓国隣保聖体修道会の2名の会員来日（2012年離日）。 |
| | 7月4日 | 日本司教団、「第2回福音宣教推進全国会議課題発表に際しての司教団メッセージ」を発表。 |
| 1993年 | 1月20日 | 社会司教委員会、「国境を超えた神の国をめざして」刊行。 |
| | 4月5日 | 名古屋教区司教に野村純一神父を任命（司教叙階は7月4日）。 |
| | 10月21－24日 | 第2回福音宣教推進全国会議（NICE 2）を長崎にて開催（テーマは家庭）。 |
| | ※この年、聖書100週間奉仕者コース開始。 | |
| 1994年 | 3月24日 | 日本司教団、「家庭と宣教」を発表。 |
| | 4月 | 長崎純心大学、鹿児島純心女子大学開学。 |
| 1995年 | 2月25日 | 日本司教団、「平和への決意　戦後50年にあたって」を発表。 |

| | | |
|---|---|---|
| | 11月２日 | 大阪教区協働大司教に池長潤神父（イエズス会）を任命（名義司教叙階は1996年３月20日）。 |
| | 12月７日 | 聖心の聖母会の４名の会員来日（８日が日本創立記念日）。 |
| 1996年 | ４月 | 仙台白百合女子大学開学。東京純心女子短期大学を東京純心女子大学に改組。 |
| | ９月29日 | 遠藤周作没。 |
| 1997年 | １月24日 | 那覇教区司教に押川壽夫神父（コンベンツアル聖フランシスコ会）を任命（司教叙階は５月25日）。 |
| | ３月３日 | 京都教区司教に大塚喜直神父を任命（司教叙階は６月15日）。 |
| | ５月10日 | 安田大司教の退任に伴い、池長協働大司教が大阪大司教区司教に就任。 |
| | ８月19日－24日 | パリで開催されたワールド・ユース・デー（WYD）において第１回日韓学生交流会開始。 |
| | 11月11日 | 第６代教皇庁大使にデ・パオリ大司教を任命。 |
| | ※この年、カルメル宣教修道女会来日。 | |
| 1998年 | １月30日 | デ・パオリ教皇庁大使、着任。 |
| | ６月15日 | 濱尾横浜司教、教皇庁移住・移動者司牧評議会議長に就任。 |
| | ※この年、ボアノヴァ宣教会の１名の会員来日。 | |
| 1999年 | ３月１日 | カトリック中央協議会・福音宣教研究室、『歴史から何を学ぶか　カトリック教会の戦争協力・神社参拝』刊行。 |
| | ３月16日 | 横浜教区司教に梅村昌弘神父を任命（司教叙階は５月15日）。 |
| | ４月 | ノートルダム女子大学、京都ノートルダム女子大学と改称。 |
| | ４月19日 | 大阪教区補佐司教に松浦悟郎神父を任命（名義司教叙階は７月17日）。 |
| 2000年 | ５月10日 | 浦和教区司教に谷大二神父を任命（司教叙階は９月15日）。／大分教区司教に宮原良治神父を任命（司教叙階は10月１日）。 |
| | ６月12日 | 白柳枢機卿の辞任に伴い、東京教区大司教に岡田浦和司教を任命（着座は９月３日）。／仙台教区司教に溝部脩神父（サレジオ会）を任命。 |
| | ※この年、天使女子短期大学、天使大学に改組。 | |
| 2001年 | ２月27日 | 日本司教団、「いのちへのまなざし　二十一世紀への司教団のメッセージ」を発表。 |
| | ※この年、日本の司教総会において、日本カトリック国際協力委員会を日本カトリック難民移住移動者委員会に改称。 | |
| 2002年 | １月23日 | 長崎教区補佐司教に高見三明神父を任命（名義司教叙階は４月29日）。 |
| | ７月31日 | カトリック中央協議会、『カトリック教会のカテキズム』（教皇庁）の翻訳を出版。 |
| | 12月 | 『声』休刊。 |
| 2003年 | ３月31日 | 浦和教区の名称をさいたま教区に変更。 |
| | ９月12日 | スカラブリニ宣教会（聖フランシスカ・カブリーニ管区）の１名の会員 |

| | | |
|---|---|---|
| | | 来日。 |
| | 10月4日 | 長崎教区大司教に高見補佐司教を任命（着座は12月14日）。 |
| | 10月21日 | 濱尾司教、枢機卿に親任。 |
| 2004年 | 3月25日 | ベトナムよりマリアの汚れなき御心修道会来日（那覇教区）。 |
| | 4月 | 聖カタリナ女子大学を聖カタリナ大学に改称（共学化）。聖母女子短期大学を聖母大学に改組。 |
| | 5月14日 | 新潟教区司教に菊地功神父（神言会）を任命。（司教叙階は9月20日）。<br>高松教区司教に溝部脩仙台司教を任命（着座は7月19日）。 |
| | 11月29日 | 東京教区補佐司教に幸田和生神父を任命（名義司教叙階は2005年2月19日）。 |
| 2005年 | 4月 | 大和学園聖セシリア女子短期大学を聖セシリア短期大学に改称。 |
| | 4月1日 | 第7代教皇庁大使にカステッロ大司教を任命。 |
| | 12月3日 | 鹿児島教区司教に郡山健次郎神父を任命（司教叙階は2006年1月29日）。 |
| | 12月10日 | 仙台教区司教に平賀徹夫神父を任命（司教叙階は2006年3月4日）。 |
| 2006年 | 4月 | カトリック信者の井出用蔵が設立した井出内科医院（1953年に聖マリア病院）を源とする学校法人聖マリア学院により、聖マリア学院大学開学。 |
| 2007年 | 3月25日 | 聖マリア・アンヌンチアータ会（在俗会）日本で活動開始。 |
| | 4月 | 英知大学、聖トマス大学と改称（2015年廃止）。 |
| | ※この年、ウィチタ聖ヨゼフ修道会は聖ヨゼフ修道会と名称変更。 | |
| 2008年 | 3月19日 | 福岡教区司教に宮原大分司教を任命（着座は5月18日）。 |
| | 11月24日 | ペトロ岐部と187殉教者の列福式（長崎）。 |
| | ※この年、ベトナムより愛の十字架修道会来日（大分教区）。 | |
| 2009年 | 4月 | 東京および福岡の神学院を統合し日本カトリック神学院を開校。 |
| | 7月1日 | カトリック中央協議会、『教会の社会教説綱要』（教皇庁正義と平和評議会）の翻訳を出版。 |
| | 11月27日 | ポルティユの御摂理修道女会の3名の会員来日。 |
| | ※この年、宮崎カリタス修道女会はイエスのカリタス修道女会に改称。 | |
| 2011年 | 3月25日 | 高松教区司教に諏訪榮治郎神父を任命（司教叙階は6月19日）。／大分教区司教に浜口末男神父を任命（司教叙階は6月26日）。 |
| | 4月 | 聖母女学院短期大学を京都聖母女学院短期大学と改称。／聖母大学を上智大学に統合（2014年に廃止）。 |
| | 6月13日 | 広島教区司教に前田万葉神父を任命（司教叙階は9月23日）。 |
| | 8月15日 | 第8代駐日教皇庁大使にチェノットゥ大司教を任命。 |
| | 10月20日 | チェノットゥ教皇庁大使、着任。 |
| | 11月8日 | 日本カトリック司教団、「いますぐ原発の廃止を」発表。 |
| | ※この年、フィリピンよりオブレート・ノートルダム修道女会来日（那覇教区）。 | |
| 2012年 | 4月 | 上智短期大学を上智大学短期大学部に改称。 |

| | | |
|---|---|---|
| | 4月25日 | 渡辺和子（ナミュール・ノートルダム修道女会）『置かれた場所で咲きなさい』出版。200万部を超えるベストセラーに。 |
| 2013年 | 6月22日 | 札幌教区司教に勝谷太治神父を任命（司教叙階は10月14日）。 |
| | 7月27日 | 谷さいたま司教退任。教区管理者に岡田東京大司教を任命。 |
| | 9月 | カトリック中央協議会、『第二バチカン公会議公文書　改訂公式訳』を出版。 |
| 2014年 | 8月20日 | 大阪教区大司教に前田広島司教を任命（着座は9月23日）。 |
| 2015年 | 1月23日 | 北原怜子、尊者に認定。 |
| | 3月29日 | 名古屋教区司教に松浦大阪教区補佐司教を任命（着座は6月13日）。 |
| 2016年 | 6月28日 | 広島教区司教に白浜満神父（サン・スルピス司祭会）を任命（司教叙階は9月19日）。 |
| | 12月30日 | 渡辺和子（ナミュール・ノートルダム修道女会）没。 |
| 2017年 | 2月7日 | 高山右近の列福式（大阪）。 |
| | 3月17日 | 『いのちへのまなざし　増補改訂版』出版。 |
| | 7月24日 | 犬養道子没。 |
| | 10月25日 | 東京大司教に菊地新潟司教を任命（着座は12月16日）。 |
| | 12月9日 | 那覇教区司教にウェイン・バートン神父（カプチン・フランシスコ会）を任命（司教叙階は2018年2月12日）。 |
| | 12月16日 | 新潟教区の使徒座管理者に菊地東京大司教を任命。 |
| 2018年 | 4月 | 大阪信愛女学院短期大学を大阪信愛学院短期大学に改称。 |
| | 6月2日 | さいたま教区司教に山之内倫昭神父（サレジオ会）を任命（司教叙階は9月24日）。／大阪教区補佐司教に酒井俊弘神父およびヨゼフ・アベイヤ神父（聖クラレチアン会）を任命（名義司教叙階は両人とも7月16日）。 |
| | 6月23日 | 幸田補佐司教退任。 |
| | 6月28日 | 前田大阪大司教を枢機卿に親任。 |
| | 7月7日 | 鹿児島教区司教に中野裕明神父を任命（司教叙階は10月8日）。 |
| 2019年 | 4月 | 和歌山信愛大学開学。／日本カトリック神学院、再び東京カトリック神学院と福岡カトリック神学院に分離。 |
| | 5月31日 | 長崎教区補佐司教に中村倫明神父を任命（名義司教叙階は9月16日）。 |
| | 11月23日－26日 | 教皇フランシスコ、日本訪問。 |
| 2020年 | 2月27日 | 札幌教区、さいたま教区、東京教区、福岡教区、新型コロナウイルス感染症に伴い、公開ミサ中止。 |
| | 2月28日 | 大阪教区、京都教区、公開ミサ中止通達。／横浜教区、主日ミサを一律中止せずと通達。 |
| | 2月29日 | 仙台教区、長崎教区、公開ミサ中止。 |
| | 3月1日 | 大分教区、公開ミサ中止。 |
| | 3月3日 | 新潟教区、公開ミサ中止通達。 |

| | | |
|---|---|---|
| | 3月8日 | 名古屋教区、公開ミサ中止。 |
| | 3月18日 | 平賀仙台教区司教の引退に伴い、使徒座管理者に小松史朗神父を任命。 |
| | 4月1日 | 高松教区、公開ミサ中止の通達。 |
| | 4月14日 | 福岡教区司教にヨゼフ・アベイヤ大阪補佐司教任命（着座は5月17日）。 |
| | 4月19日 | 広島教区、公開ミサ中止。 |
| | 5月11日 | 大分教区、公開ミサ再開通達。 |
| | 5月16日 | 長崎教区、公開ミサ再開。 |
| | 5月24日 | 那覇教区、公開ミサ再開。 |
| | 5月31日 | 新潟教区司教に成井大介神父（神言会）を任命（司教叙階は9月22日）。／大阪教区、広島教区、公開ミサ再開。 |
| | 6月 | 鹿児島教区、公開ミサ再開。 |
| | 6月1日 | 名古屋教区、福岡教区、公開ミサ再開。 |
| | 6月7日 | 札幌教区、公開ミサ再開。 |
| | 6月21日 | さいたま教区、東京教区、条件付き公開ミサ再開。 |
| | 7月 | 高松教区、教会活動を正常化。 |
| | 7月5日 | 新潟教区、公開ミサ再開。 |
| | 9月6日 | 「死への準備教育」を始めたアルフォンス・デーケン神父（イエズス会）没。 |
| | 9月8日 | チェノットゥ教皇庁大使没。 |

目次

# 時の階段を下りながら——近現代日本カトリック教会史序説

# 1　日本のカトリック教会と第二バチカン公会議

## 第二バチカン公会議とは

一九五九年一月二五日、ローマ教皇に就任してまだ三カ月だったヨハネ二三世は、少数の枢機卿の前で突如、新たに公会議を招集するという意向を発表しました。当時、誰も公会議開催を予想していなかったため、最初この発表は教会の内外で驚きをもって迎えられ、ついで、それは喜びと期待に変わりました。こうして第二バチカン公会議は二年間の準備期間を経て、一九六二年から一九六五年まで開催されました。

ところで、公会議とは何でしょうか。それは、教会における最高レベルの会議です。カトリック教会では、公会議の招集・開催、そして公会議で扱う事項を決定する権限は、教皇にあります。その教皇の招集に応じて全世界から集まったすべての司教（司教団）が、教皇から提出されたキリスト教信仰とキリスト教的生活に関する議題を討議し、投票して議決します。この議決内容を教皇が承認し、命令をもって公布することで、公会議での決定はカトリック教会を形作る人々、つまり私たちに影響するのです。

二〇〇〇年間のキリスト教の歴史の中で公会議が何回開かれたかは、教派によって数え方が異なりますが、カトリック教会では、第二バチカン公会議を含め、全部で二一回の公会議が開かれたとみなしています。

最初の公会議とされるニカイア公会議（三二五年）から一九世紀中葉に開かれた第一バチカン公会議（一八六九－七〇年）まで、公会議は異端説の排斥や、新たな教義の制定、教会行政上の決定などを決議してきました。しかし、第二バチカン公会議はそのいずれも行っていません。

なぜならこの公会議は、ヨハネ二三世の開会演説にあるように、教会が「適切な現代化によって……自身の霊的な宝を豊かにし、未来を大胆に見通す」ため、また、キリスト教の教えが「現代の要求する方法で探求され、説明」され「現代の要望に応え」るために開催されたからです。つまり第二バチカン公会議は、カトリック教会自身を「現代化（アジョルナメント）」し、教会はどのようにあるべきかを追求するために開かれたのです。

一九世紀から一九五〇年代までのカトリック教会は、反近代主義的姿勢を維持し、社会に対して扉を閉ざし、教会のみが「完全な社会」で真理を独占しているという独善的態度をとっていました。しかし時代が進むにつれ、教会と社会の隔たりは拡大し、教会内で硬直化と閉塞感が増しました。そんな中で、ヨーロッパのカトリック教会には、時代から取り残されつつある教会への強い危機感と、新たな神学的動きや運動がありました。それらを踏まえた上でヨハネ二三世は、新鮮な空気を入れるために窓を開けようと語って第二バチカン公会議を開催したのです。

## 日本の教会の第二バチカン公会議への反応

日本のカトリック教会は、第二バチカン公会議に対し関心が低かったとしばしば言われます。それを示す例としてよく挙げられるのが、公会議開催中の『カトリック新聞』に公会議関連記事が少なかったことです。かつて私も調べてみたことがありますが、確かに、『カトリック新聞』に掲載された公会議関連記事はあまり多いとは言えません。

公会議中のカトリック系雑誌については、『声』や『世紀』のように、公会議の決議内容の解説や公会議の意義を述べた論説を随時掲載していたものもありましたが、試みに、同時期のアメリカで出版されたカトリック系雑誌（複数）の公会議関連記事と比較してみると、質・量ともにかなりの差があることが分かります。

また、いくつかの日本のカトリック系雑誌はその会期中、公会議にほとんど言及していません。そうした雑誌の一つに掲載された、第二バチカン公会議半ばで逝去したヨハネ二三世への追悼文が、一言も公会議に触れていなかったのは象徴的と言えます。メディア掲載の記事数だけが公会議への関心を計るバロメーターとは思いませんが、教会や信徒の意識・関心が反映されていること

とは確かでしょう。さらに、

「（一九五〇年代後半―引用者注）フランスの教会には、このままではいけない、という一種の危機感と現状に対する批判とが到る所に感じられたが、日本の教会にはまだみじんもそんな気配は感じられなかった」（井上洋治『余白の旅――思索のあと』日本基督教団出版局、一九八〇年）

「私は六七年に（フランスから―引用者注）来日しましたが、『古いなあ』『ローマに忠実だなあ』と言うのが、第一印象でした。がっかりしました。……日本の信者の中に、公会議が訴えたように社会に向かって近代文明を受け入れ、『カトリック教会は現代社会と和解しなければならない』という意識があるとは、感じられませんでした」（オリビエ・シェガレ「現代社会の中の教会・公会議の示した姿勢とその後」カトリック東京教区生涯養成委員会編『講演集　第二バチカン公会議と私たちの歩む道』サンパウロ、一九九八年）

「一般的に日本の教会は、主体的にではなく受動的に、十分な内的準備なしにバチカン会議の開催という事態に直面した。バチカン会議は、それ以前にヨーロッパの諸地方で起っていた改革運動の結晶である。日本の教会はそのような改革運動の影響を受けること少なく、トレント以後の旧体制に生き、教会行政においてはローマ中央集権主義を、教会生活においては法律主義的傾向を支持し勝ちであった」（沢田和夫「第二バチカン会議と名古屋教区」

松岡司教の司祭叙階五十年「記念事業会」編『素顔の名古屋教区』、一九六八年）といった文章からも、日本の教会が、教会と社会の乖離《かいり》に対して危機感が薄く、第二バチカン公会議に対してあまり積極的な反応を示さなかったことが窺《うかが》えます。

もっとも、韓国のカトリック教会も、韓国司教団が一九六六年六月に出した教書で、韓国の教会は「公会議を一種の過ぎゆく行事として」見ているという印象があり、「公会議の重要性とその目的」に対し「微温的な態度を持ち」、全教会と「呼吸を同じくできず、世界的思潮に遅れている」と述べたような状況にありました。

従って、第二バチカン公会議への反応を考える際には、欧米の教会とだけでなく、当時「布教地」とされていたアジアやアフリカの教会とも比較検討する必要があるでしょう。

## 二つの問い

確かに、日本の教会は第二バチカン公会議に対して、欧米の教会のような関心と反応は示しませんでした。

しかし、より大切な問いは、公会議で語られ、決議文書としてまとめられた「第二バチカン公会議の精神」を、公会議後にどのように日本の教会は受肉していったか、言いかえれば、日本の教会は、公会議文書を自らの置かれた文脈に合わせて、どう主体的に読み、またそれらを創造的に解釈し、行動に移してきたか、ではないでしょうか。公会議「中」ではなく、公会議「後」——それは長いタイムスパンとなります——こそが重要なのです。どこまで迫れるかは分かりませんが、この問いは後半において改めて取り上げます。

そして、もう一つ考えなければならないことは、公会議「前」に関するものです。すなわち、幕末の「再宣教」開始以来、日本のカトリック教会がぶつかってきた問題はどのようなもので、それによってどのように教会が形作られてきたのか、という問いです。それは、第二バチカン公会議への反応が欧米の教会と異なることを、ただ否定的にのみ捉えるのではなく、欧米の教会とは違う問題と格闘し、別の関心を抱かざるを得なかった教会という視点から、日本の教会の公会議へ反応を生み出した歴史を考える試みでもあります。それではまず、この「前」に関する問いから始めましょう。

## 2 「ミカド」とキリスト教

一八五八年、徳川幕府はアメリカ、オランダ、ロシア、イギリス、フランスの五カ国と修好通商条約を結び、横浜・箱館（「函館」表記は明治以後）・長崎・神戸・新潟の開港場に設けられる外国人居留地での教会堂建築、居留地内に居住する外国人のキリスト教信仰の自由、聖職者の日本入国などを認めました。これによりカトリック教会およびプロテスタント諸教派・ロシア正教会の宣教師たちの来日が可能となり、日本におけるキリスト教宣教が再び始まりました。

しかし、カトリック教会の「再宣教」開始から約一〇年で徳川幕府は瓦解し、一八六八年に明治新政府が発足します。新政府は、五榜《ごぼう》の掲示（明治政府太政官が民衆に対して出した最初の禁止令）によって、徳川幕府のキリスト教禁令を引き継ぐ意思を明確にして、「ミカド崇拝の上に基礎」（岩倉具視）を置いた国家形成を進めようとし、その過程で浦上キリシタン総配流（流刑）事件（浦上四番崩れ）を起こしました。ここで天皇は、キリスト教排斥の源としての姿を見せたのです。

そこで今回は、明治政府によるキリスト教禁令の背後に存在する天皇に注意を向け、キリシタン時代にまで遡《さかのぼ》りつつ、天皇とキリスト教排斥の関係を考えてみたいと思います。

### 天皇によるキリスト教の拒絶

一五六〇年に、イエズス会士ガスパル・ヴィレラ神父たちは将軍足利義輝から京都での布教許可を獲得して宣教を始めました。しかし、一五六五年五月に義輝が暗殺されると、その混乱の中で正親町《おおぎまち》天皇は「大うす（デウス）はらひ」の綸旨《りんじ》（命令書）を出し、ヴィレラたちを京都から追放しました。その四年後に上洛した織田信長が宣教師に京都在住を許可しますが、それに対し天皇は再び宣教師追放の綸旨を出しました（もっとも宣教師は、信長の保護により京都滞在を継続）。

また、当代随一の名医と謳《うた》われ、天皇や将軍らとも関係の深かった曲直瀬《まなせ》道三が一五八四年に受洗すると、正親町天皇は曲直瀬のもとに使者を遣わし、「キリシタンの教えは……日本の神々《カミス》の敵」（ルイス・フロイス『日本史』）と伝えさせました。

この「日本の神々」と天皇はどのような関係だったのでしょうか。まず、律令制では、「天神（高天原の神々＝天つ神）・地祇（国土の神＝国つ神）」祭祀は天皇の専任事項とされ、天皇は祭祀王として、全国の神社の祭祀権を持つ存在と位置付けられていました。この「神社」とは、仏教寺院に対抗するために七世紀後半に初めて成立した宗教施設であり、『古事記』『日本書紀』などの編纂を通して神々を体系化し、天皇祖先神のもとに集約する天皇神話を作り出す過程で登場してきたものです。しかし、古代においては、全国各地にあるほとんどの神社と天皇神話との間の有機的な結びつきはごく弱いものでしかありませんでした。天皇（国家）の加護と統制を受ける数少ない官社（一部の有力な公的・国家的神社）のみが天皇や天皇神話と深く関係していただけで、圧倒的多数の非官社（官社ではない私的な信仰対象としての全国各地にある小規模神社）は、そのようなものとは関係がなかったからです。

その後、一〇世紀の「延喜式」（「養老律令」に対する施行細目を網羅的に集成し、九二七年に完成した法典）体制において、天皇は諸国の名神《みょうじん》（古くからある由緒正しく霊験あらたかな神）とその神社を選定して格付けを行い、（延喜）式内社《しきないしゃ》（「延喜式神名帳」に記載された神社）として編成し、神官の補任権を握りました。これにより、天皇は自分の政治権力のもとに宗教を支配・統制する権限を手中にしたわけです。

ついで一二世紀初頭に諸国一宮《いちのみや》制が成立します。一宮とは、中世日本のすべての国（出雲の国、若狭の国といった行政体・地理区分を指し、六六ないし六八カ国）において、各国を代表する最有力神社をその国の鎮守とし、国司のようなその国の支配権力者が責任をもって維持・管理して祭礼を執行する神社のことです。一宮は、国家権力側が一方的に選ぶものではなく、その国の人々が、国で最も歴史的・社会的に有力とみなされる神社を一宮として選ぶのが通例でした。

しかしながら、一宮の造営や造営費用は天皇の命によるものとされ、祭礼も国祭とされました。また、一宮の祭神も中世的神統譜（中世に成立した仏教的三国世界観に対応する新しい神々の系統）を核とする天皇神話と結びつけられて変わったり、新しい意味付けがなされたりして、諸国一宮は天皇と直接的な関係を持つようになりました。一〇世紀の名神制とこの諸国一宮制によって編成された神々の数は、全国津々浦々の神々の数からすればわずかであったとしても、天皇は有力な神々を編成・統制して支配下においたことになります。

その後、一五世紀後半には、伊勢神道（鎌倉後期に伊勢神宮外宮の神官である渡会《わたらい》家が唱えた神道説。従来の本地垂迹説を逆転させ、日本の神が本地＝本来の姿で仏はその化身とする）や吉田神道（室町時代後期に吉田兼倶《かねとも》が大成した神道の一流派。神道を日本の宗教の根本とする）の神道家たちは、積極的に地方の名神や各地の小さな共同体の中心的な神々を組織・編成し、こうした神々の神格を天皇に申請して上昇させたり、皇室祖先神と習合させたりしていきました（例えば、皇室祖先神の一人である神功《じんぐう》皇后は各地の産土《うぶすな》神と習合）。

このようにして、キリスト教が宣教を始めた一六世紀後半には、各地方共同体で民間信仰的に祀《まつ》られ、本来天皇と関係がなかったはずの多くの神々が、天皇のもとに編成、統合されて、天照大神を頂点とする神道体系に集められ組織されていました。

これを踏まえると、天皇はこの「神々」の体系において最上位を占める天照大神の子孫という位置づけですから、「神々の敵」であるキリスト教は天皇にとっても「敵」になります。とすると、正親町天皇によるキリスト教の拒絶は、この天皇がキリスト教嫌いだからといった個人的感情によるのではなく、日本における神々を統制する天皇という制度によるものだということになり、問題の根は深いことに気づかされます（また、この問題は「穢れ」観からも考察される必要がある）。

**神国・天皇・非キリシタン**

通常、キリシタン禁制を考える時、私たちは豊臣秀吉や徳川幕府が行ったことのみを考え、天皇については見過ごします。この時代の天皇を影響力のない無力な存在とみなすからです。

しかし、豊臣秀吉が一五八七年に発した「伴天連追放令」に、「日本は神国たる処」なのに「きりしたん国」から「邪法」を授けられることは全くもってよくないことだと記され、徳川家康が一六一四年に出した「伴天連追放之文」にも、日本は最初から「神国」で、かつ「仏国」であるが、キリシタンはそれらに反しているので排除されなければならないと書かれたように、為政者たちは「日本は神国」という思想をキリスト教禁止の重要な根拠としていました。そして、この神国思想は、天皇と深く関係するものでした。

神国思想は時代につれて変化しますが、時代を超えて中核にあるのは、「『日本を、神の国とし、そのゆえに他国よりすぐれた国とする思想』……一種の……日本型華夷《かい》思想」（高木昭作）で、なぜ日本が「神の国」と言えるかというと、神の子孫である天皇がおり、その天皇が国を統治するからでした。つまり、天皇こそが「神国」日本を「神国」たらしめている存在なのです。

そして、「神国」日本の要《かなめ》である天皇は、「神の子孫」かつ「最高の祭主」として、徳川幕府の下で「キリシタンをはじめとするさまざまな異端を排除する究極的な価値的主体」（宮沢誠一）となり、「神国」と相容れない「異端」のキリスト教を認めず、自らを「邪法」キリスト教に対する「正法」、すなわち「敬神敬仏」の担い手と位置づけました。さらに天皇は、仏教僧たちによる、キリスト教を排撃してキリシタンたちを仏教に改宗させる「破邪」活動を支える者としても自らの役割を確立しました。この「正法」の擁護者という天皇の自己認識は脈々と続き、一八五八年の開国時に孝明天皇は、「邪教（キリスト教）の伝染」から日本を守ってくれるよう伊勢神宮に「御助《おたすけ》」を祈っています。

こうしてキリスト教は、天皇と、その天皇を基とする「神国」日本から排除されました。

また、天皇と連携して「天下の敵」であるキリスト教の禁圧を推し進める徳川幕府は檀家制度を確立し、日本に住む人々が「キリシタンでない」ことを、毎年の宗門改めを通して繰り返し確認しました。その結果、日本人とは「非キリシタン」で、どこかの仏教寺院に必ず属し、「伊勢や金毘羅の神々の加護を受ける（と信じる）人々」（水本邦彦）という、日本人アイデンティティが確立していきました。

### 「ミカドの権威」とキリスト教

浦上キリシタン問題を幕府から引き継いだ明治政府は神道国教化政策を掲げ、神仏習合を終わらせるべく一八六八年四月に「神仏判然令」を出し（その結果、廃仏毀釈が起こる）、すべての日本人に天皇と「日本の神々」への崇拝を求めました。

しかし、浦上キリシタンたちはキリスト教を棄てることを拒み、三三〇〇余名が西日本各地に総配流となります。これに抗議し懸念を表明した欧米諸国公使たちに対し政府は、キリシタンたちが「天照大神をまつる神社への参拝を拒否」して「ミカドを侮蔑」している（寺島宗則）、「王政復古はその基礎をミカドの権威への服従に」置き、「ミカドの権威が維持されなければ、ミカドの政府も」ないし、天皇は「天照皇大神からのたえることのない血統の御子孫であらせられ、従って神性を有する御方であらせられると日本の国民が信じることは絶対に必要なこと」なのに、キリスト教は「この信念に直接対立する」（岩倉具視）との見解を示し、理解を求めました。

豊臣政権期から江戸時代に行われたキリスト教禁制の下で、日本では「神国」と共存できる宗教、つまり、天皇と深く結びついた日本の神々の序列の中に組み込まれることを受け入れ、その秩序を乱さない宗教だけが存在を許されてきました。

それが、明治国家の最初期には、「神国」の源である「ミカドの権威」を受け入れ、その神性さを（表面上のみだとしても）信じる者だけが日本国家の構成員として認められるとされたのです。そのため、「天子（＝天皇）、将軍様もこの天主様がつくりますれば、天子、将軍様より天主様が上」（高木仙右衛門）と信じるキリスト教は、「ミカドの権威」を土台とする日本国家から排斥対象となりました。

「日本の神々」の体系の頂点に立つだけでなく、国家形成の中枢となってキリスト教を排除する天皇（制）とどのような関係を結ぶのか、これが再宣教を開始したばかりのカトリック教会がぶつかった問題でした。そして教会は以後、この難問に長く悩まされることになります。

## 3　パリ外国宣教会の宣教活動（一）――邦人司祭養成

明治新政府が神道国教化政策を含むさまざまな変革を推進していた頃、日本宣教に従事していたのはパリ外国宣教会（通称はパリ・ミッション会）でした。

パリ外国宣教会は、一八三〇年代にローマ教皇庁から朝鮮半島の宣教を委託され、日本宣教も視野に入れました。当時マカオにあったパリ外国宣教会事務所の責任者リボワ神父は、日本再宣教の道を探っていましたが、そこにフランス・インドシナ艦隊司令官であるセシーユ提督からある提案が持ち込まれました。それは、当時、薩摩藩と清朝中国双方に服属する形となっていた琉球王国へ会員を派遣しないかというものでした。セシーユ提督はいずれ日本が開国するであろうことを見越し、その際に必要となる日本語をパリ外国宣教会の会員が習得していて欲しいという願いを持っていたのです。

パリ外国宣教会はこの提案を承諾し、一八四四年にフォルカード神父を中国人伝道士オーギュスタン高と共に、琉球王国へと派遣しました。しかし、那覇に上陸はしたものの、二人は聖現寺で軟禁状態に置かれ、フォルカード神父は日本語習得もままならぬまま二年後に琉球を去らねばなりませんでした。

しかし、その後もパリ外国宣教会は会員を琉球に送ることを続け、一八五五年にはジラール神父、フューレ神父、メルメ・カション神父の三人が、那覇で琉球語と日本語を学ぶことができるようになりました。こうして、パリ外国宣教会の会員たちは、日本語を習得し、日本本土の宣教に備えることができたのです。

ところで、一八五九年から一九〇四年まで日本本土の宣教を単独で担当したパリ外国宣教会は、フランスの教区司祭を構成メンバーとしてアジア宣教のために創立された、キリスト教史上初の宣教会です（現在はフランス以外の他国籍の人々も受け入れている）。宣教会とは、私有財産を所有する教区司祭たちがイエス・キリストの福音を宣教するために結集した組織のことで、三誓願を立てる修道者たちによる宣教修道会とは異なるものです。

本章と次章で、現在の日本のカトリック教会の礎を築いたパリ外国宣教会の宣教活動を扱いますが、この章では、会の第一目的である現地人司祭の育成と、それが日本の教会に与えた影響について考えます。

## パリ外国宣教会の創立とその背景

パリ外国宣教会の創立年は一六五八年とされています。この年に教皇アレクサンデル七世から、教区司祭のフランソワ・パリュー、ピエール・ランベール・ド・ラ・モット、イニャス・コトランディの三人の教区司祭が、アジア各地の代牧（現・使徒座代理区長）として指名されました。しかし、なぜこの出来事が宣教会の起点とみなされるのでしょうか。

キリシタン時代に日本で宣教した修道会は、布教保護権に基づき、イエズス会はポルトガル王室の、フランシスコ会、ドミニコ会、アウグスチノ会はスペイン王室の後援を受けていました。

布教保護権とは、スペイン・ポルトガル国王に対して、教区の設立や司教の指名推薦、宣教師の選抜などの権利と共に、宣教地への宣教師派遣や、教区・宣教師たちへの経済的支援などの義務を課し、非キリスト教世界での宣教活動・教会活動の責任を両王室に負わせるものです。

しかし、布教保護権に基づく宣教活動が次第に機能不全に陥ったため、教皇庁はイベリア半島の両王室から宣教活動の主導権を取り戻そうと、一六二二年に全世界の宣教活動を統括する布教聖省（現・福音宣教省）を新設しました。その際、布教聖省は宣教活動の中心軸を、国王のような世俗権力から代牧制度に変えたのです。

代牧制度とは、通常の教会制度がまだ整備されていない宣教地に教皇が「代牧区」を設定して、そこに代牧を送る制度です。代牧は教皇に直属し、教区司教に準ずる権限を与えられ、名義司教（かつて存在したが今は消滅した司教区の名義で司教叙階された司教）に叙階されました。各地に派遣された代牧は、現地人聖職者の養成と、代牧区で働く宣教師たちの統括を行い、かつ布教聖省に対して現状報告を行うとされていました。

従って、先述の代牧三人のアジア派遣決定は、布教聖省が布教保護権に頼る従来の宣教方法を棄て、代牧制度に則って海外宣教の直接管理に乗り出した記念すべき第一歩だったのです。そして、この宣教戦略の大転換は、新方針に基づく新たな宣教組織を必要としました。そこで、その必要に応えて生まれたのが、アジアの宣教地に赴いた代牧と、彼らに率いられた宣教師たち、そしてパリューとド・ラ・モットが一六六三年にパリのバック街に設立した宣教師養成のための大神学校、という三要素から成るパリ外国宣教会でした。

**日本における邦人聖職者養成**

布教聖省は一六五九年に『宣教指針』を出し、大転換後の新しい宣教方針を打ち出しました。『宣教指針』には、宣教の目的と原則、そしてこの目的と原則を達成するための方法が述べられており、その内容は、次のようにまとめられます。

(一) 目的　宣教地出身の司祭および司教を養成すること。

(二) 原則　宣教師は国家の政策や事業から距離を置く一方、現地慣習を尊重し、各地域の多元性を認めて教会を育成すること。

(三) 方法　キリスト教の教義を現地の言葉で教えること、教父の著作や宗教書を現地語に訳すこと、現地の青少年の教育のために無料の学校を開くこと。

パリ外国宣教会は、この『宣教指針』に従って会の活動原則を作り、指針が示す宣教の目的である「宣教地出身の聖職者養成」は、会にとっての最重要目的となりました。一七〇〇年に初めて成文化された宣教会の会則にも、地域教会の司教と司祭の養成が会の第一基本方針であることが明記されています。従って、明治初期の日本における宣教会の活動が、この方針に則して邦人司祭の養成に力点が置かれたものであったのは当然のことでした。

一八五九年にパリ外国宣教会のジラール神父が江戸に到着し、続いてメルメ・カション神父が箱館、ムニクー神父が横浜、フューレ神父が長崎に定住していきますが、日本ではキリスト教禁制が続き、自由に宣教活動を展開できませんでした。しかし、禁制下にあっても会は、現地人司祭の養成という第一目的を果たすべく、一八六五年の「キリシタンの復活」直後から神学生たちを長崎の大浦天主堂で養成し始めました。そして浦上キリシタン配流事件が起こると、彼らをマレー半島のペナンと中国の上海に避難させました。

明治維新後も、浦上キリシタンたちの配流が続いている一八七二年に、体調を崩しペナンから帰国した神学生八人を横浜天主堂（一八六二年一月献堂）に受け入れましたが、さらに入学希望者が続いたため、同年、東京の九段濠端一番町（現・千代田区三番町）にあった旧旗本の屋敷を

「ラテン学校」（神学校）としました。この「ラテン学校」は翌年、神田猿楽町へ移転し、その付属聖堂が発展してできたのが、現在の神田教会です。しかし、東京の神学校はこの後も移転を繰り返し、なかなか本格的な神学教育を行えませんでした。従って東京教区初の日本人司祭二人が誕生したのは一八九四年となりました。

一方、長崎では一八七五年に大浦天主堂の隣に長崎公教神学校が完成し、七七年頃から本格的な神学校教育が始まって、一八八二年に念願の日本人司祭が三人誕生しています。

## カトリック教会と青年教育

同時期に日本で宣教活動を展開したプロテスタント諸教派の宣教師たちは、日本人に接触し宣教の足掛かりをつかむため、あるいは教育の重要性を認めて、開港地各地にキリスト教主義学校（当初は私塾に近い）を設立しました。また、来日した女性宣教師や宣教師夫人は、女性に対しても英語の授業を行い、女子教育を目的とした学校を開きました。これらの学校は統廃合を繰り返しながら、明治学院やフェリス女学院に代表されるような、中・高等教育機関として発展していきます。

このように、プロテスタント教会は最初期から英語教育を中心とする教育活動に力を注ぎ、新知識を追求する女性を含む青年層に影響を及ぼしました。それに対し、司祭養成を重んじたパリ外国宣教会は、青年向けの教育事業を重視しませんでした。

先に触れた「ラテン学校」は、神学生たちが属するラテン部と、中国で書かれた漢文教理書を学ぶ漢学部に分かれていました。ラテン部はすべて無料で衣服なども支給されましたが、漢学部も授業料や宿泊・飲食費が無料でした。それは、当時窮乏していた旧幕臣や戊辰戦争で幕府側について官軍と戦った藩（「奥羽越《おううえつ》列藩同盟」に参加した藩）出身の士族の子弟たちを惹《ひ》きつけ、当初ラテン学校に集い、ここで受洗した人々の多くはそういう青年たちでした。彼らの中で最も有名な受洗者は、盛岡藩（「奥羽越列藩同盟」参加藩）出身の原敬《たかし》でしょう。

しかし、パリ外国宣教会はここに集った数十人の若者たちにフランス語教授を行うといった、中・高等教育につながる方向を採りませんでした。資金・人員不足に苦しむ会は、一八七五年以降、費用がかかり過ぎるとの理由で青年向けの教育事業から手を引き、孤児や貧困家庭の子どもたちなどを収容する育児事業を通した宣教活動に重心を移したからです。この転換には、資金や人員の不足という要因に加えて、日本人聖職者の養成を第一目的とするパリ外国宣教会の性格が影響したと考えられます。

このような青年対象の教育事業の軽視は、明治期のカトリック教会が中・高等教育や出版など知的分野においてプロテスタント教会の後塵《じん》を拝し、「教会の社会的影響力は極めて限られている」（ヴィグルー東京副司教による一八九四年提出の意見書）という結果につながりました。そして、この状況からの脱却が、その後の教会の一つの課題となったのです。

## 4　パリ外国宣教会の宣教活動（一）――巡回宣教師の活躍

前章で述べたように、パリ外国宣教会の規則は、同会が（一）現地人司祭の養成、（二）新キリスト教徒の養成、（三）非キリスト教徒への福音宣教の三点に専念すること、また、その優先順位は、（一）から（三）の順である、と定めていました。とはいえ、第一番目の現地人司祭の養成を行うためには、まず現地人信者がいなければなりませんから、通常、最初に手が付けられるのは（三）の宣教活動です。ところが、日本には潜伏キリシタンという奇蹟的な存在がいたために、日本人への宣教を本格的に始める前に、パリ外国宣教会は現地人司祭養成に着手していました。

しかし、一八七三年に日本での宣教活動が黙許状態となり、宣教師への制約が徐々に弱められていくと、パリ外国宣教会は（三）の福音宣教に力を入れるようになりました。彼らの宣教活動は、近代日本カトリック教会の礎石です。そこで本章では、特に「歩く宣教師」と呼ばれた巡回宣教師の活動に焦点を当てて、パリ外国宣教会の宣教活動を振り返ってみたいと思います。

### 外国人内地旅行の規制緩和

先述したように一八五八年、徳川幕府はアメリカ、オランダ、ロシア、イギリス、フランスの五カ国と、いわゆる「安政の五カ国条約」を結びました。これらの条約が不平等条約であること、また、これらによって、日本と条約を締結した五カ国の国民が、開港地にできた「外国人居留地」内で居住したり、商売したり、教会を建てたりすることが許されたことはよく知られています。

しかし、「安政の五カ国条約」には在留外国人に対する「遊歩規定」に関する条文があったことは、あまり知られていないのではないでしょうか。

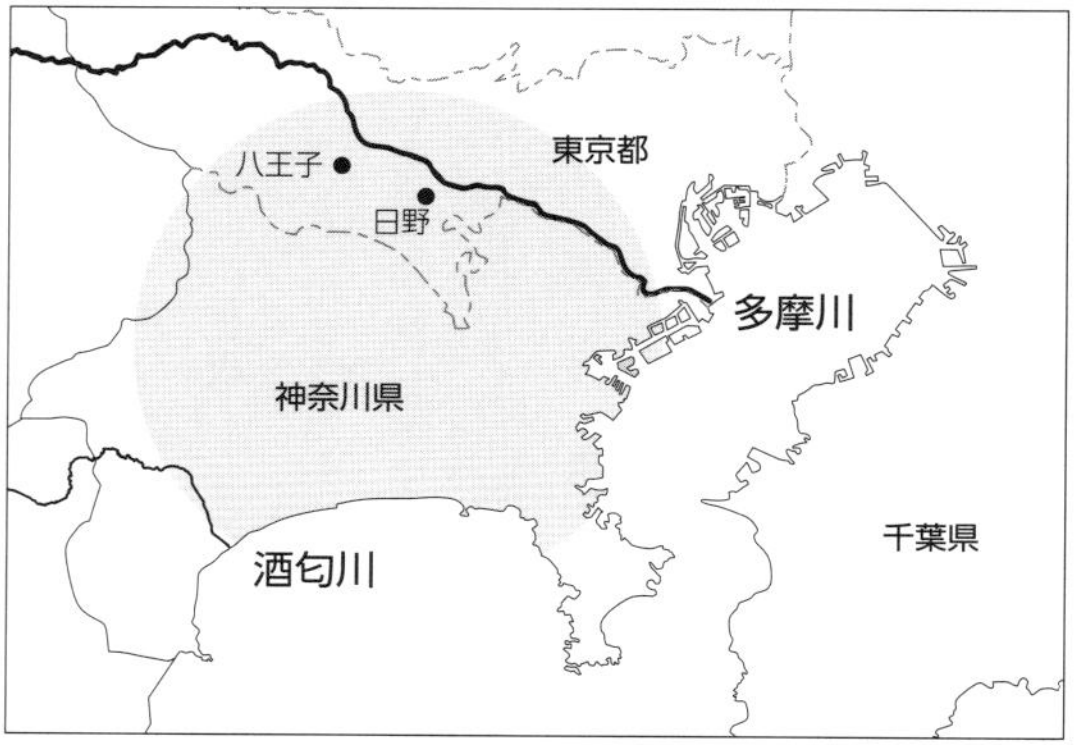

安政の五カ国条約による横浜の遊歩範囲

この「遊歩規定」は、一般外国人が「外国人居留地」から安全かつ自由に行動できる範囲（遊歩区域）を、基本的に、開港場からおおよそ十里（約39キロメートル）四方と定めるものでした。例えば、横浜居留地からだと、宣教師を含む一般外国人が安全かつ自由に動けるのは、東は川崎・品川間の六郷川（多摩川下流）、西は小田原の東にある酒匂《さかわ》川、南は三浦半島の半ば、北は八王子、日野を境として設定された遊歩区域内となります。

しかしその後、日本と駐日各国公使たちとの交渉の結果、一八七四年から七五年にかけて、内地旅行制度が整備されていきました。その内容は、「病気療養」と「学術調査」に限って、遊歩区域外への旅行と旅館宿泊を認めるというものでした。それらの名目で日本の外務省から「内地旅行免状」（パスポート）を発給してもらえば、一般外国人も日本国内を旅行することが可能となったのです（ただし、「内地旅行免状」には旅行期間と道程の記載が必要）。

さらに、一八七九年になると遊歩区域外でも、「内地旅行免状」を持ち、七日ごとに役場に届け出れば、外国人でも旅館以外の一般民家に泊まれることになりました。こうして、宣教師たちが「遊歩区域」を超えた日本国内での宣教活動を行える条件が整っていきました。そして、この変化によって生まれたのが、巡回宣教師という存在だったのです。

### 巡回宣教師の登場——北緯代牧区の場合

一八七六年、布教聖省は日本を南北二つの代牧区に分割し、北海道から中部地方までを北緯代牧区（代牧はオズーフ司教）、近畿地方より西の地域を南緯代牧区（代牧はプティジャン司教）としました。

翌七七年にオズーフ司教が来日した時、北緯代牧区に該当する地域の日本人人口が約一七〇〇万人であったのに対して、フランス人宣教師はわずか二〇人でした（ただし、宣教師の増員は、南北どちらの代牧区に対しても、少しずつではあるが毎年のように行われた）。そこで、この状況を踏まえて登場したのが、巡回宣教師です。

巡回宣教師とは、ある地域の宣教担当者として司教から任命されて、自分の担当地域内の町や村を次々と巡回して福音宣教する宣教師のことです。初めて巡回宣教師に任命されたのはヴィグルー神父で、それは一八七八年のことでした。その翌年、テストヴィド神父が二人目の巡回宣教師として任命されました。一八八二年には、巡回宣教師の数は「六、七人」に増えたとテストヴィド神父は書簡に記しています。

当初、一人の巡回宣教師が担当する地域はかなり広いものでした。例えば、ヴィグルー神父の担当地域は、千葉、茨城、埼玉、栃木、群馬、福島県で、テストヴィド神父の担当は、神奈川県から岐阜県までの東海道筋、という具合でした。

明治期のパリ外国宣教会の宣教師は、しばしば「歩く宣教師」と呼ばれますが、宣教師なら誰でも自由に宣教のために歩き回っていたわけではなく、正式に任命された巡回宣教師が、自分の担当地区を歩いて宣教したのです。

### 巡回宣教師の宣教活動

巡回宣教師たちが活動を始めた頃、日本国内に鉄道網はまだ整備されていませんでした。高崎線や東海道本線を利用できるようになるのは一八八〇年代半ば以降のことで、それ以前は基本的に歩く以外なかったのです（船で川を遡《さかのぼ》る手段は利用されていた）。

そのため、「歩く宣教師」となった巡回宣教師たちは、一カ所に二、三日滞在しては、すぐに次の地へと徒歩で移動することを繰り返しつつ、行く先々で個人宅や旅館などを借り、人を集めて、キリスト教の教義に関する「説教」や「演説会」などを行って宣教しました。「説教」や「演説会」には、日本語を話す西洋人を珍しがって人々が大勢にやってくる時もあれば、待てど暮らせど、一人として誰も来ない時もありました。

歩いて移動している時に、石を投げつけられたり、「ヤソ、ヤソ」とののしられたりすることは巡回宣教師たちの共通体験でした。時には、コレラ菌をばらまいた犯人扱いされて閉口したり、不浄払いの塩をまかれた上にさんざん罵倒されたり、と辛い目に遭うこともありました。また、辻説教を始めたら熱湯をかけられそうになったり、川を渡る際にわざと川に落とされたり、と危険な目に遭うこともありました。

そうした苦しみを味わいつつも、巡回宣教師たちは少しずつ受洗者を増やし、各地に「布教所」「説教所」と呼ばれる宣教拠点を作り、教会を建てていきました。彼らの活躍は大きく、一八八七年の『パリ外国宣教会年次報告』（以下、『年次報告』）は、「新信者獲得で大きな部分を占めているのは巡回担当の宣教師たちである。彼らは疲労も辛苦も、ものともせずに感嘆すべき献身ぶりで布教に専念している」と讃えています。

また、巡回宣教師たちは各地を歩くなかで、社会から差別されている人々と出会い、深い関わりを持つこともありました。最も有名な例は、テストヴィド神父による、ハンセン病患者のための神山復生病院の創設でしょう。それは、一八八一年にテストヴィド神父が巡回宣教師として静岡県御殿場に初めて赴いた際に、水車小屋で暮らす一人の三〇歳くらいの盲目の女性ハンセン病患者に出遭い洗礼を授けたことから始まりました。その後、神父は他のハンセン病患者たち数名を知ることになったため、彼らを病院に収容して看病したいと考え、一八八六年に鮎沢村（現・御殿場市新橋）に一軒の日本家屋を借りて患者たちを収容しました。ところが、この家は周囲の人々の激しい反対にあい、翌年立ちのかざるを得なくなります。それでも神父はあきらめず、ハンセン病患者のために本格的な病院を建てることを決意し、寄付を募って、一八八九年に富士岡村字神山（現・御殿場市神山）に病院を開設したのでした。

このように、巡回宣教師たちは、まだキリスト教に対して邪教観が残る明治期に、さまざまな辛苦と喜びを味わいながら、日本各地を精力的に歩き、地道で粘り強い宣教活動を行いました。そういう意味では、近代日本カトリック教会の土台は、パリ外国宣教会宣教師たちの、祈りと愛と忍耐によって築かれたと言えるでしょう。

と同時に、巡回宣教師が巡回する時、彼らは一人で歩いたり、宣教活動をしたりしていたわけではなかったことに留意したいと思います。巡回宣教師が巡回する際には、日本人伝道士が同行して宿泊や「演説会」などの手配を行ったり、日本人信徒リーダーが彼らを自分の家に泊めたり「演説会」のために人々を集めたりするなど、日本人信徒たちも宣教師と協働していたからです。そこで次章では、宣教師たちと同様に教会の礎を築いた、日本人信徒を取り上げます。

## 5　日本人男性信徒の活躍

**男性信徒たちの活動**

明治前期、カトリックの洗礼を受ける者には、進取の気性に富んだ男性が多くいました。その中から、各地域で指導的な信徒として活躍する人々が登場します。その一例として、東京の本多善右衛門を見てみましょう。

士族出身で浅草に住んでいた本多は、一八七三年に築地稲荷橋にあった仮教会で受洗しました。一八七六年頃、浅草や本所界隈でカトリック信徒が三〇名を超えたので、本多は浅草に教会を建てたいと考えます。しかし当時は、築地の外国人居留地以外に教会を建てる許可を得ることは不可能でした。

そこで彼は、猿谷町（現・浅草橋三丁目）に私立玫瑰《まいかい》学校（小学校）を設立してその一室を小聖堂とした上、そこでフランス語を教える教員という名目で、パリ外国宣教会のラングレー神父を学校に住まわせました。こうして浅草に教会が生まれ、熱心な宣教活動が行われるようになります。その結果、信徒は急激に増え、翌年には、向柳原町《むこうやなぎはらまち》（現・台東区浅草橋五丁目。浅草教会の所在地）にあった屋敷を買ってそこを聖堂としました。つまり、本多善右衛門は浅草教会の生みの親と言うべき存在なのです。なお、猿谷町に残った玫瑰学校は、最終的には一八八七年に関口台町（現・文京区関口。関口教会の所在地）へ移動し、聖母仏語学校になりました（翌年に聖母仏語学校製パン部が誕生し、のちに経営が日本人に引き継がれて、現在も関口フランスパンとして存続）。

また本多は、一八八一年に日本初のカトリック雑誌『公教万報』を自ら創刊し、八五年四月まで刊行を続けました（四月の終刊後、公友社の『天主之番兵』誌が引き継ぐ）。このように彼は、主体的、能動的、かつ積極的に信徒として活動していました。

この傾向はひとり本多だけでなく、浅草教会に属する男性信徒たちにも同様に見られるものでした。例えば、彼らは信徒間で葬儀費用を出し合い、遺族に献金する喪助会を自主的に立ち上げたり、他教会にも呼びかけて信徒知識人たちを結集させ、演説会による宣教活動を行う「公友会」を組織したり、「哀衿会《あいきょう》」と呼ばれる慈善組織を作って貧困者を助ける活動を熱心に行ったりしています。彼らは、金銭を出し合い相互扶助と貧者救済に力を入れつつ、積極的に宣教し、活気に満ちた信徒集団を形成したのです。

こうした男性信徒たちの生き生きとした活動は、浅草だけに限らず、千葉県や山梨県など他の地域においても見られました。

当時の記録や回想を読むと、洗礼を受けたことで親から勘当されたり、家族や親戚から責め立てられ強く棄教を迫られたり、隣近所の人々からひどい嫌がらせを受けて故郷にいられなくなり遠方への移住を余儀なくされたりするなど、キリスト教徒になることにはリスクが伴い、それ相応の覚悟や気概を必要とする場合が多かったことがわかります。

それだけに、改宗した男性たちは全員ではないにせよ、信徒であることへの自覚が強く、宣教熱も高く、行動的だったようです。

そして、このような男性信徒たちの中から、伝道士（当時の書き方は「伝導士」「伝教士」）となり、自らも宣教に従事しつつ、宣教師を助ける人々が現れました。そこで次に、重要な存在でありながら、宣教師の影に隠れがちな日本人伝道士に焦点をあててみたいと思います。

**北緯代牧区の日本人伝道士たち**

一八七三年にキリスト教禁制の高札が撤去される前後、パリ外国宣教会は「ラテン学校」（3章参照）で受洗した旧士族の青年たちを、宣教師が定住できない内地、すなわち、外国人が自由に動ける「遊歩区域」外（4章参照）の日本国内に派遣して常住させ、日本人に対して教理を教えさせたりしていました。

その後、パリ外国宣教会は日本人伝道士を「布教のために是非とも必要」な存在（『年次報告』一八七六年）と位置づけ、伝道士養成の重要性を語るようになりました。そして実際、一八八一年に伝道士のための学校を東京に設立しています（ただし、財政問題から数度の中断をはさみつつ、一〇年ほどしか続かず）。

このように重要視された伝道士の大切な働きとして、パリ外国宣教会が『年次報告』で挙げているのは、「宣教師たちがたまにしか行くことの出来ない小さい共同体のあちらこちらに散らばっている新信者たちを訪問し信仰を励ます」（一八九〇年）ことでした。

すでに述べたように、明治前期、広大な宣教地に対して圧倒的に宣教師数が少ないという問題、また、条約により外国人の内地定住が困難という問題があり、それを補う一つの方法として、特に北緯代牧区は巡回宣教師制度を発達させました。これは、前章で述べたように、一人の宣教師が広い地域を担当地区とし、次々に村々や町々を経巡《へめぐ》って宣教するやり方です。しかし、これだと宣教師はある地域に年に数回しか来られず、また、その地に長く留まることもできないため、求道者や新信徒の信仰を育てるのが難しくなります。

そこに何の制約もなく内地に定住できる日本人伝道士がいれば、彼らが宣教師に代わって求道者を育てることができましたし、新たに信者となった人々の信仰を涵養《かんよう》することもできました。

また、一八八〇年代、巡回宣教師の担当地域にささやかな仮教会が誕生しても、そこでのミサはたまにしかないという状況が当たり前でしたが、そんな時に活躍するのも伝道士でした。一例を挙げれば、一八七九年から信徒グループが存在していた小田原で、ミサがない期間は、緑町の仮教会に住み込んでいた伝道士の細渕重教《しげのり》・トラ夫妻が、日曜日ごとに信者たちを集め、祈りを先導して、信仰の火を絶やさないよう努めていました。

さらに、宣教師が来ない期間、伝道士たち自身、自分が居住する場所の近隣地域をあちこち回って宣教活動を行ったり、すでに近隣地域に「講義所」が設置されている場合は、そこを回って宣教したりしていました。

例えば、一八八三年から八七年にかけて、岐阜県と名古屋区（一八七八年発足。名古屋市となるのは一八八九年）を担当していた伝道士の井上秀斉は、毎週、岐阜県の厚見郡富茂登《ふもと》村（現・岐阜市益屋町）、土岐《とき》郡土岐村（現・瑞浪市土岐町）、名古屋区の南呉服町（現・名古屋市中区栄三丁目）、再び岐阜県の海津《かいづ》郡高須町（現・海津市海津町高須町）、大垣本町（現・大垣市本町）の順に、五カ所の「講義所」を四日かけて回り、それぞれの場所で求道者を育てていました。こうして生まれた求道者たちの洗礼は、巡回宣教師たちが公教要理に関する試験をしたのち授けるのが常でしたが、その際、伝道士が洗礼者の代父となることもよくありました（女性の洗礼者の場合、伝道士に妻がいれば、その妻が代母となることが多かった）。

これと並んで伝道士の重要な仕事は

（一）巡回する宣教師の荷物を持って共に歩き、行く先々での宿泊の手配や、宣教師が行う「演説会」「説教」のための場所を確保すること

（二）ある地域に宣教拠点を作るための家を購入する場合、自身が名義人となってその手続きを行い、パリ外国宣教会が拠点を確保するのを助けること

でした（伝道士自身が私財を投じて購入した例もある）。当時、日本では外国人には土地購入の権利が認められていなかったため、外国人が土地を取得するには、日本人の助けが不可欠だったのです。

すべての土地、家屋購入が伝道士名義というわけではありませんが、新しい地での交渉や契約を伝道士が宣教師の指示を仰ぎながら行うことは、よくありました。また、賃貸の場合の交渉、契約も、伝道士が行うことが多かったようです。こうして手に入れた拠点に伝道士が住み、地元の人々と交流を深め、人間関係を築いて、宣教の地ならしを行いました。

この他、教会の会計、宣教師異動届の役所への提出などの事務仕事や、外国人神父の手紙の代筆・整理、対外関係の管理などの秘書的仕事などもありました。また特異な例ですが、もともとラテン学校で神学生として養成を受けラテン語を身につけていた、仙台・元寺小路教会の小川昇之進伝道士のように、日本語に不自由な神父のミサ説教の代筆、宣教師への日本語教授、通訳等、日本語の面で宣教師を補佐する仕事を行った者もいました。

こうして、日本人信徒たちの能動的、主体的な働きと、伝道士と宣教師の二人三脚により、日本での宣教活動は進んでいきました。しかし、ここで扱った内容は男性信徒が中心で、女性の姿がありません。そこで次章では、女性信徒を取り上げます。

## 6　女性信徒たち

一八六五年三月一七日、長崎の大浦天主堂でプティジャン神父に一人の「四〇歳ないし五〇歳くらいの女性」が胸に手をあてて「ワタシノムネ、アナタノムネトオナジ」（『ルオー日記』一八七五年九月一三日）と言い、続いて「サンクタ　マリア　ゴゾオ　ワ　ドコ」と尋ねました（『プティジャン書簡』一八六五年三月一八日）。

この瞬間、それまで日本の一地方に潜伏していたキリシタンたちは、全世界のカトリック教会に再び接続されたのです。そして、この新たな時代の扉を最初に押したのは、イザベリナ杉本ゆりと推定される一人の女性でした。キリシタン史と近代キリスト教史をつないだのは一人の女性の勇気だったのです。

また、その後に起こった浦上キリシタンたちの西日本各地への総配流（彼らはこれを「旅」と呼んだ）において、信仰を棄てようかと迷う夫や父親を諌《いさ》め、恐れる子どもたちを支えたのも女性たちでした。

しかし、これまで近代日本カトリック教会史において、主に研究されてきたのは男性に関してで、女性は等閑視されてきました。そもそも、私たちの関心は宣教師に向きがちで、キリスト教を受け入れ、それを信じて生きた日本人信徒への関心は弱い感があります。そして、日本人信徒を取り上げる場合は男性信徒に重点が置かれ、女性信徒は宣教師の影に隠れた男性信徒の、さらに影に隠れてきたように思われます。そこで、ほとんど研究がなくわからないことが多いのですが、この章では女性信徒に焦点をあててみます。

**女性とカトリック教会**

明治前期の女性の置かれた状況を見ると、明治維新後、女性も戸主になれるようになり、妻からの離婚訴訟も法的には可能となりました。また、女子も男子も同一の教科書と教科内容による義務教育（小学校）を受けるように定められました。

しかし民衆の間では、女子は家の手伝いや子守、商家や地主の家への奉公など労働力として貴重な存在であり、かつ女子教育の必要性に対する意識が低かったため、女子の小学校就学率が五〇パーセントを超えたのは、やっと一八九七年のことでした（男子の小学校就学率が五〇パーセントを上回るのは一八七五年）。このことに象徴されるように、明治になっても女性の地位は低く、人々の中の男尊女卑的な意識は根強いままでした。

そんな社会状況の中でキリスト教徒（カトリック）になった女性たちは、どのようにしてキリスト教を知ったのでしょうか。

これはさまざまな史料を読んで私が受けた印象でしかありませんが、明治前期は、まず男性がカトリックに改宗し、その後、自分の妻や子ども（男女）を受洗させるというパターンが多いようです。つまり女性は、夫や父親など「家」の「戸主」（家長）たる男性の影響で受洗することが多かったのではないかと思われます。この場合、受洗後に自覚的に信徒として成長していく女性たちがいる一方で、受動的に洗礼を受け、宗教教育をきちんと受けることもなく、名ばかり信者と化す女性たちが生まれる危険性がありました。例えば、宮城県苅田《かった》郡の農村の女性たちは、父や夫に従って受洗したものの、日々の家事や農作業に追われ読み書きもできなかったために、最低限のキリスト教の知識があるだけで、宗教儀式や実践も男性がやるものとみなし、受洗後も教会とはほとんど関係ないという状態でした。

次に、女性がキリスト教に出会う重要な回路として、当然ではありますが女性から女性へという道筋がありました。

北緯代牧区には、男性しか伝道士になれないという規則がありましたが、南緯代牧区にはそうした規定はなく、長崎や広島には伝道婦を養成する学校もありました。パリ外国宣教会（南緯代牧区）は、「伝道婦の助けなしに布教所を作った所では、どこでも、下層階級でない家庭ならば、一人の女性に洗礼を授ける迄に時には数年もかかる」（『年次報告』一八八七年）と述べて、女性に対する伝道婦の働きの重要性を指摘しています。宣教師も伝道士も女性に接近する術《すべ》をほとんど持てない中、女性にキリストの教えを伝えるには伝道婦が不可欠だったのです。

一方、北緯代牧区では、伝道士の妻が重要な働きをした例があります。先述の宮城県刈田郡で、教会と無関係になっていた女性信徒たちのもとに赴いて宗教教育を行い、彼女たちの「霊的再生」を助けたのは、その地方担当の伝道士の妻、細渕トラでした（『年次報告』一九一九年）。

また、明治前期、プロテスタント教会に比べて女子教育に出遅れていたカトリック教会において、女性が女性にキリスト教を伝える場として、修道女や信徒の女性が開いた裁縫学校／塾がありました。そこで裁縫を学ぶ女性たちは、縫い物をしながらキリスト教の要理を聞き、関心を持てば、同じく生徒として来ていた女性信徒と共に教会に行きました（『年次報告』一八八七年）。しかし、女性から女性への宣教については不明なことが多く、今後の研究が待たれるところです。

**女部屋の女性たち**

女性への抑圧が高い社会において、女性がキリスト者として十二分に生きるための一つの方法は、家制度から外れること、つまり、「独身でなければ人を助けられんにより、独身になりて暮らす」（岩永マキ）ことでした。それも、単に独り者として生きるのではなく、独身の女性たちによる共同体に根ざして生きることでした。その一つのあり方として、浦上で誕生し、その後、主に長崎県下に拡がった女部屋があります。

一八七四年の夏、浦上四番崩れによる「旅」から故郷の浦上村に帰還していた信徒たちを、赤痢が襲いました。そのとき、連日、大浦から救護活動に来るド・ロ神父を助けて病人の看護に尽力したのが、岩永マキ、守山マツ、片岡ワイ、深堀ワサの四人の女性でした。

同年一一月、今度は長崎湾にある蔭ノ尾島に天然痘が流行し始め、ド・ロ神父と四人はそこにも活動に入ります。そして、疫病等のために親を失った子どもたちを見た岩永マキたちは、高木仙右衛門が提供した納屋で共同生活をしながら、孤児養育活動（「子部屋」）へと乗り出しました。ほどなく、浦上の人々は彼女たちが共同生活をしていた納屋を、「女部屋」と呼ぶようになり、四人の共同生活に他の女性たちも加わり始めます。

この女部屋は一八七七年に「浦上十字会」と名乗るようになり、会則を定めて準修道会となりました。会員たちは田畑を耕し、機を織り、養育院（「子部屋」から発展）で子どもたちを世話し、教会で「教え方」（伝道婦）として働きました。その後、着実に人数が増えていった浦上十字会は、五島や天草、福岡県今村などに会員を派遣し、彼女たちは各地で宣教師を助け、孤児を育てました。また、出津《しつ》、黒島、五島の鯛ノ浦、奥浦、平戸島の紐差《ひもさし》などでも宣教師によってその地に根ざした女部屋が開かれていきました。

各地の女部屋の女性たちは、農業や養蚕、行商といった労働をしながら孤児たちを養育しました。のちに昭和期に入ると、無医村の地での診療所の開設や、町の必然的要求を汲みとった保育所の開園などを行う女部屋も現れました。いずれも、カトリック教会内に限定されない、地域社会と非信者の人々に開かれた働きでした。

江戸時代以来のキリスト教への偏見、差別が根強く残る地域で、それぞれの地に密着した女部屋の女性たちは「天主様のために働く」ことを求め、素朴に、今、目の前で苦しむ者を助け、その結果、彼女たちは地の塩として、普遍的な隣人愛を生きる者となりました。

当時の時代や地域の制約を受けた女部屋のあり方を全面的に肯定するのは難しいですが、「天主様のため」という彼女たちのひたむきさが力となって、女性への差別、偏見が強い時代にあっても、確実に実を結んだことは素晴らしいことだと思います。

なお、長崎教区の各地に散らばっていた女部屋は戦後に統合され、一九七五年に「お告げのマリア修道会」の名称で正式修道会となりました。

# 7　分水嶺としての一八九〇年（一）——欧化主義の影響

**欧化主義のもとで**

明治初年には国家の方向性に反する存在として、その信仰を禁じられ弾圧されたカトリック教会でしたが、それにもかかわらず、その後の政治的・社会的変化の中で信徒数は確実に増加していきました。日本代牧区が南北に分割された直後の一八七七年、北緯代牧区の信徒数は一二三五人、南緯代牧区の信徒数は一万五三八七人（ほとんどがカトリック教会に復帰した元潜伏キリシタン）でした。それが、一二年後の一八八九年には北緯代牧区の信徒数は一万一五二二人と約一〇倍になり、南緯代牧区は二万六〇六〇人と一万人強の増加となっていました（さらに一八八八年に設立された中部代牧区には二一八五人の信者がいた）。

特に一八八〇年代に入ってからの増加はそれまで以上に勢いがあり、北緯代牧区を例に挙げれば、とりわけ一八八六年から八九年にかけては毎年千数百人が受洗しました。こうした信徒数の急増はキリスト教全般にみられたもので、同時期のプロテスタント教会は、一八八六年には一万三〇〇〇人だった信徒数が一八九〇年には三万四〇〇〇〇人になっています。

この現象が起きた理由として、一八八〇年代に明治政府が採った欧化主義の影響が、つとに指摘されています。欧化主義は、条約改正を早期に実現させるために明治政府が採った政策で、西欧の文物や制度、風俗習慣などを模倣して欧米諸国に「開化」日本を印象づけようとするもので、その象徴が鹿鳴館《ろくめい》でした。

この欧化主義の時代、政府やその理論的指導者たちはキリスト教に対し好意的態度をとり、上流社会の人々が多数キリスト教に接近しました。例えば、福沢諭吉はそれまでの主張をガラリと変えてキリスト教を国教にせよと主張し、岩崎弥之助（三菱財閥二代目総帥）は自邸でキリスト教研究会を定期的に開いています。一八八五年に、北緯代牧区のオズーフ司教が特派大使の資格で明治天皇に謁見し教皇レオ一三世の親書を奉呈できたのも、こうした風潮があったればこそでしょう。

### カトリック教会の宣教姿勢——近代化に苦しむ人々に手を差し伸べる

当時、プロテスタント教会が「文明の宗教」として自らを示し、社会のリーダーになり得る人材を育成して日本の近代化に積極的に関与しようとしたのに比べ、カトリック教会は全般的に近代（特に、民主主義、政教分離、自由主義、無神論など近代思想）との対決姿勢を鮮明にし、汚《けが》れた社会に対して閉じられた聖なる集団として自らを位置づけていました。カトリックが重要視したのは、各人の魂が救われること、つまり死して後に天国に行く「救霊」でした。そのため、フランス人宣教師たちにとっては宗教、つまりキリスト教について考えることが「まじめ」なことで、自由民権運動のごとき政治運動にうつつを抜かすのは愚かしいことでしかありませんでした。要するに、パリ外国宣教会の宣教師たちは概して、日本の近代化に対し、宣教を有利にできる限りにおいて受け入れるものの、基本的には警戒感を抱いていたのです。

また、パリ外国宣教会は信徒たちが相互に助け合う草の根的な信徒集団を育成することに力を注ぐ一方、為政者階層とは距離を置く傾向がありました。これは、当時のフランスにおける聖俗二元論的な世界観に基づいた政教分離の感覚によると同時に、3章で触れたように、パリ外国宣教会が依拠する布教聖省の『宣教指針』中の原則(「宣教師は国家の政策や事業から距離を置く」)を踏襲するものでした。

そのため、明治前期のカトリック教会がなによりも力点を置いたのは、近代化によって苦しむ人々に手を差し伸べることでした。それは当時のカトリック教会の活動の中心が、棄児救済活動だったことに象徴されています。実際、パリ外国宣教会の依頼を受けて来日した女子修道会――一八七一年来日のサン・モール会(現・幼きイエス会)、一八七七年来日のショファイユの幼きイエズス修道会、一八七八年来日のシャルトル聖パウロ修道女会――がいずれも到着直後にまず始めたのは育児事業でした。

また、パリ外国宣教会は無償の小学校の設立にも力を入れました。当時、明治政府が始めた初等教育の経費の大半は「民費」、つまり各地域住民の負担となっており、これが貧しい家庭の子どもたちの就学の妨げとなっていました。特に、一八八〇年代半ばには松方デフレ（西南戦争によるインフレを解消しようと大蔵卿松方正義により誘導されたデフレ）の影響で農村が困窮するなか、財政難に悩む政府が小学校の授業料徴収を厳格にしたため、さらに就学率は伸び悩みました。しかし、カトリック教会による小学校設立がピークを迎えたのは、まさにこの時期でした。ピーク時の一八八七年、カトリック立の小学校は全国に八九校あり、総生徒数は約四〇〇〇人となっています。

この小学校設立の背後には、当時の小学校が届け出だけで設立でき（認可不要）、教室も一つか二つで足りた上、少ない教員数でつくれたという事情や、小学校にやってくる子どもたちやその親をターゲットに宣教する、という目的がありました。しかし、それと同時に、近代化の狭間で苦しむ貧しい人々の子弟向けに無償の学校を提供することは彼らの必要に応えることであり、これもまた、近代化の狭間に苦しむ人々に手を差し伸べる行為だったのです。

## 上流階級への接近——欧化主義の影響

しかし、一八八〇年代に席巻した欧化主義は、こうしたカトリック教会の宣教方針に少しずつ影響を与えるようになります。

一八八六年に「大日本帝国の服制」が改正され、婦人服制がフランスにならって変えられると、翌年、昭憲皇后は洋服を奨励する「思召書《おぼしめし》」を出し、華族の女学校生徒たちは洋服を着用するようになりました。また、鹿鳴館が華やかなりし時代、フランスを手本とした洋風マナーの知識も必要となりました。

しかし、当時設立されていたサン・モール会の学校は「貧しい者だけのもの」と思われており、上・中流階級の子女が入学するにふさわしいとはみなされていませんでした。そこで一八八六年、オズーフ司教はサン・モール会総長宛に手紙を書き、フランス式マナーやフランス語が求められている時勢なのに、「将来、高い階層の妻になる」であろう「よい階層の若い女性たち」は皆プロテスタントの学校に通い、プロテスタントの洗礼を受けている有様である、そのため「少なくとも一つのカトリック学校を東京につくり、相当な身分の家庭の前にさし出すことは、必要であるばかりでなく、焦眉の問題」と訴えました。しかし、当時、サン・モール会はこの訴えにすぐに応えることはできず、上流階級をターゲットとした雙葉高等女学校が開校されたのは一九〇九年のことでした。

なお、オズーフ司教は、同じ一八八六年に教皇庁を通して、聖心会にも東京での「貴族の子女のための寄宿学校」創立を打診しています。こうした司教の行動から、上流階級向けの中等教育学校の創設が重要課題とみなされていたことが分かります。もっとも、この時点では聖心会はこの要請を謝絶しており、会が教皇の要請を受けて聖心女子学院高等女学校を開校したのは一九一〇年になります。カトリック教会による上流階級向けの女子中等教育は、二〇世紀に入らなければ始まりませんでした。

一方、男子教育においては事情が異なりました。かねてよりパリ外国宣教会から日本への渡航を打診されてきたマリア会が、一八八六年にパリ外国宣教会総長に承諾の返事を送ったからです。翌八六年から八七年にかけてマリア会の会員合計五人が日本に派遣されますが、その際示されたマリア会総長の基本方針には「今まで日本のカトリック教会が手を染めていなかった日本の上層階級への宣教に、教育事業をもって挺身《ていしん》すること」とありました。

そして、来日したマリア会会員たちは一八八八年、麹町区元薗町《もとその》二丁目（現・東京都千代田区麹町）に暁星学校を創立しました。その後すぐに学校は現所在地（千代田区富士見）に移転し、一八九〇年に暁星小学校が認可されます。そしてほどなく、内務大臣や貴族院議員の子どもなど上流階級の子弟が暁星小学校に通い始め、「日本の上層階級への宣教」が開始されました。

欧化主義によって上流階級の人々がキリスト教へと接近するなか、本来ならカトリック教会が手にするはずの成果をプロテスタント教会に奪われているという焦りから、カトリック教会はそれまで距離を置いてきた上流階級への接近を図り始めました。と同時に、それまでプロテスタント教会に水をあけられていた中等教育にも力を入れ始めました。このように欧化主義の影響を受け、カトリック教会の宣教姿勢に転換期が訪れたのです。

# 8　分水嶺としての一八九〇年（二）――「宗教」・天皇・帝国憲法

## 大日本帝国憲法の公布

一八八九年二月一一日、明治政府は大日本帝国憲法（以後、「帝国憲法」と略記）を公布します。その第二八条には、「日本臣民ハ安寧秩序ヲ妨ケス及臣民タルノ義務ニ背カサル限ニ於テ信教ノ自由ヲ有ス」、つまり「日本臣民」には、大日本帝国の「安寧秩序」を妨げず、臣民としての義務を怠らない限りにおいて、「信教の自由」があると規定されていました。

これにより政府は、一度も正式にキリスト教公認の通達を出すことなく、この条文の規定にはキリスト教信仰の自由を含むと解釈することでキリスト教を公認する、いわゆる「解釈公許」（山口輝臣）を行ったのです。

対するカトリック教会側もそれを的確に感じ取っており、オズーフ東京司教は「第二八条で、信教の自由が日本人に漸《ようや》く与えられ」、日本人カトリック信者たちは「自分たちが信じている宗教を自由に妨げなく実行出来て、法律上の障害が無くなった勝利」と喜んでいる（『年次報告』

一八八九年）と報告しました。

このようにキリスト教徒にとって「信教の自由」をもたらしたとされた帝国憲法ですが、この憲法にはキリスト教にとって重大な問題が潜んでいました。それは、憲法制定の大前提として、天皇が日本におけるキリスト教の「機能的等価物」（三谷太一郎）、すなわち、天皇はキリスト教が西洋社会で果たしている機能を同等に担える存在と位置づけられ、その結果として天皇の神格化が起こったことでした。

**Religionから「宗教」へ**

明治初期、指導的立場の日本人たちは、西洋人からお前のreligionは何かと問われて返答できず、かといってそういうものは持っていないと言おうとすれば、西洋人からreligionが無いのは「甚だ悪い」、それは「いけない」と言われ困惑しました（久米邦武の回想）。また、西洋諸国を訪れた教養ある日本人たちは、西洋においてreligionが繁栄していることに衝撃を受けました。この困惑と衝撃は、religionという概念が日本人にとって未知なるものであったことから生じたものでした。

今日の私たちにとって、religionの訳語が宗教であることは自明のことです。そして、ほとんどの人は、宗教とは「神・仏などの超越的存在や、聖なるものにかかわる人間の営み。古代から現代に至るまで、世界各地にさまざまな形態のものがみられる」(『大辞泉』)というふうに理解しているのではないでしょうか。

しかし、明治の人々にとっては、そうではありませんでした。そもそも、religion の訳語が宗教であることすら自明ではなかったのです。

幕末、religion は「宗旨」と訳されました。しかし、日本の人々は、religion は「宗旨」という言葉が指す内容と異なる何からしいと感知しました。そこで、明治初期には、religion の訳語としていくつもの造語が考案されました。「法教」「教法」「教門」「神道」「教道」「神教」「徳教」、そして「宗教」などです。最終的に religion の訳語が「宗教」に落ち着くのは、一八八〇年代半ば以降のことでした。

ところで、渡辺浩によれば、これらの訳語の大半に「教」の語がつくのは、指導的立場にあった日本人たちが religion を「教」の一種だと理解したからでした。「教」とは、当時の高い教育を受けた人々にとって基礎的な教養だった儒学において、「人を万人共通の『道』に従わせるべく、それを具体化して導くことと、その仕組み」(渡辺浩)を指しました。

人類には共通する「道」というものがあって、それに従わせるために「教」というものがあり、「教」には「教育」も「教化」も儀式も含まれるが、それらすべてを自らの務めとして実行しなければならないのは、統治者である。これが、当時の教養ある日本人の「教」理解でした。つまり、religion の訳語の一部である「教」は、「真理」とか「聖」とか「超越的存在」とは何も関係がない、統治者側が愚民とみなした民衆を導くためのものだったのです。

一方、「宗」は、徳川幕府時代からの「宗旨」「宗門」「宗派」などの「宗」、キリシタンも「浄土宗」「真言宗」といった仏教「諸宗」も含む、信仰と関係のあるものを指す語です。

つまり、支配層の日本人は religion を、いろいろな「宗」派の「教」、あるいは「宗旨」の形をとった「教」、すなわち「宗教」と理解したのです。

岩倉使節団の報告書『米欧回覧実記』に、「米国」では「宗教」と「教育」が盛んで、愚かで頑迷な一般民衆の「明善の心を啓誘する」ためには神を敬わせる以外にない、と記されたように、民衆を善導する（「教」）ために信仰（「宗」）を手段として使う、それが「宗教」である。これが、支配層にとっての religion 理解でした。一八八〇年代の政治的・知的指導者層にとって「宗教」とは、国家のための「一《ひとつ》の方便」（矢野龍渓）、「治安之器具」（井上毅）だったのです。

**「基軸とすべきは独り皇室あるのみ」**

こうして「宗教」は、支配層にとって民を統治する上で国家あるいは社会機能を果たすもの、と把握されました。伊藤博文はそれを、「ヨーロッパには宗教なる者ありてこれが基軸を為し、深く人心に浸潤して人心此に帰一」していると表現しています。

そして浮上したのが、ヨーロッパではキリスト教が「国家の基軸」としての役割を果たしているが、日本で同様の「基軸」となれるものは何か、という問題でした。これは帝国憲法制定の過程で大きな問題となりました。

憲法起草者たちが欧米諸国の憲法内容を検討したところ、多くの憲法には国教規定がありました。また、伊藤博文に強い影響を与えたプロイセンの公法学者ルドルフ・フォン・グナイストも、「人心を一致結合」させる宗教によってこそ国は立つとし、日本は仏教を国教とするように、と勧告しました。

しかし、伊藤博文をはじめとする憲法起草者たちは、仏教にヨーロッパにおけるキリスト教と同じ役割を果たせる力があるとは考えませんでした。かといって、神道にも期待はできませんでした。

明治維新直後、明治政府は祭政一致を掲げて神祇官《じんぎかん》を復興し、神仏分離令を出し、「外教《がい》」とみなした仏教や「ミカドの権威」を否定するキリスト教を排除する、いわゆる神道国教化政策を推進しようとしました。しかし、これは仏教の猛反発などから失敗に終わっており、「神道は……宗教として人心を帰向せしむる力」に乏しく、役割を果たせないことは明らかだと思われていたのです。

そこで伊藤博文は、日本では「宗教なる者」の力は「微弱」で、一つも「国家の基軸」となりうるものがない、従って日本が「基軸とすべきは独り皇室あるのみ」としました。つまり、仏教にせよ神道にせよ、人を超えた「仏」や「カミ」を擁する「宗教」が頼りにならないので、天照大神の子孫とされる人間の天皇を「神」とする（天皇神格化）以外ない、という結論に至ったのです。

こうして帝国憲法は、ヨーロッパにおけるキリスト教の機能を担う存在として、天皇を位置づけました。これにより、その存在によって日本を「神国」たらしめる天皇、「神国」と相いれない「異端」を排除する「価値的主体」としてキリスト教排斥の源たる天皇（2章参照）が、近代日本においては「現人神《あらひとがみ》」として登場する道が開かれることになります。

しかし、帝国憲法を歓迎したキリスト教徒たちは、信教の自由を与えてくれた同じ憲法が、自分たちを日本社会から排除されるべき存在にする危険性を秘めていることに、気づいていませんでした。

## 9　分水嶺としての一八九〇年（三）――「教育勅語」とキリスト教

### 教育政策の模索

明治維新以降、政府内では教育を通して育てるべき、新時代が求める人間像をめぐって模索が続いていました。当初、政府は欧米の学校制度を手本とし、小学校でも西洋的な自然科学や万国史などを教え、自主独立の精神を育てようとしました。

他方、自由民権運動が盛んになるとその運動家たちは、教育を通して、自分の意見をしっかり持った、国家に無批判に従うことのない人間を育てようとし始めました。

こうした西洋の知識重視や自主性の尊重という傾向に脅威を感じた保守派は、一八七九年に天皇の名で「教学聖旨」を出しました。「教学聖旨」は、日本各地を巡幸《じゅんこう》（天皇が各地を見て回ること）した天皇がそこで見た教育に対し疑問を抱き、その改善を求めたという形をとった文書です。しかし、起草したのは、天皇の侍講（教育係）であった元田《もとだ》永孚《ながざね》と言われており、欧米の知識や技芸に集中した教育のあり方を批判し、教育の根本を「仁義忠孝」を中心とした道徳とすべきとする内容でした。

伊藤博文らはこの内容に対し、徳川幕府を支えた儒教主義の復活だと反対しました。しかし結局、自由民権運動対策として、一八八一年には小学校での歴史教育の内容は日本史に限定され（アメリカ独立戦争やフランス革命を教えるのは「尊王愛国ノ志気」を損ない危険とされたため）、小学校での「修身」は「儒教主義ニヨル」とされました。

とはいえ、自由民権運動が盛り上がり国家目標として富国強兵を掲げていた時代に、儒教主義だけの教育はやはり不十分でした。

そこで、独自の教育政策に乗り出したのが、一八八五年に初代文部大臣となった森有礼《ありのり》です。彼は、国家が文部省を設立し国庫から資金を教育に投じているのは「畢竟《ひっきょう》国家の為」、従って「学校の目的も専ら国家の為」であるという国家主義的な教育観を抱いていました。同時に、森が教育の目的として最重視していたのは「国家富強」でした。

その森にとって、天皇こそが「国家富強」の土台として「無二の資本、至大の宝源」であり、「人民の品性を進め、教育の準的（標準）を達する」ために必要不可欠な存在でした。この天皇と「精神的紐帯《ちゅうたい》で結ばれた、『誇るべき天皇の臣民』という国民意識」（斉藤泰雄）を、教育を通して「培養発達」することで、「国家富強」の担い手として働く人間を作り出す。これが森の目指した教育だったのです。

そこで森は、天皇の臣民としての国民意識を育てるために、学校への御真影《ごしんえい》（天皇・皇后の写真）の下賜《かし》を開始し、紀元節（神武天皇即位日）や天長節（天皇誕生日）のような祝日に皇室を讃える唱歌を歌う学校行事を導入しました。

**「教育勅語」の渙発**

国家主義でありながら、「国家富強」のためには啓蒙主義的な教育政策を推進した森有礼は、儒教主義に基づく修身教育を否定し、その大転換をはかりました。それに対し、保守的な政治家や官僚たちは、森が「徳育」を衰退させたという認識を抱き、一八八九年に森が暗殺された後、彼の教育政策を否定していきました。

一八九〇年に地方長官たちから、日本には「固有ノ倫理ノ教」があり、それに基づいて「徳育」をすべしという建議が政府に提出され、山県有朋首相は「徳育に関する箴言《しんげん》」の編纂を決めました。その結果、いくつかの紆余曲折《うよきょくせつ》を経て、一八九〇年一〇月三〇日に明治天皇の名前で渙発《かんぱつ》（天皇の文書を公布すること）されたのが「教育ニ関スル勅語」、すなわち「教育勅語」です。

「勅語」とは天皇のことばという意味ですが、天皇自らが書いたものではなく、井上毅《こわし》や元田永孚など複数の人間が草案を練り、何度も修正・推敲を重ねて完成したものです。「教育勅語」

は、臣民たる日本国民に対し、父母に孝行し、兄弟は仲良くといった家庭内の徳目や、朋友と信義をもって交わり、人々に対して慈愛を及ぼし、学問を修め、知識才能を養い、公共の利益を広めるといった、社会的、公民的な徳目を守ることを求めました。

なぜこうした徳目を守ることが大切なのかと言うと、それらが究極的には「天壌無窮《てんじょうむきゅう》ノ皇運《こううん》ヲ扶翼《ふよく》」（天地と共に限りない皇室の繁栄を助ける）するために不可欠なものとされたからでした。すなわち、国民による日常道徳の遵守がそのまま天皇への奉仕に結び付けられたのです。

8章で述べたように、大日本帝国憲法によって、天皇は西洋社会でキリスト教が果たしている機能を担う「国家の基軸」と位置づけられました。それゆえ、天皇はキリスト教が持つ宗教的機能を担わなければならなくなりましたが、それは天皇の神格化をもたらしただけではなく、天皇を臣民がよって立つべき道徳の淵源《えんげん》ともしたのです。

こうして「教育勅語」によって、政府が教育を通して求める人間像の倫理的・道徳的基盤は「良心」や「神」ではなく、「天皇」と「天皇への献身」となりました。

**「教育勅語」とキリスト教**

「教育勅語」が出された翌日、文相の芳川顕正《よしかわあきまさ》はその謄本を各学校に下賜し、奉読式を行うように訓示を出しました。一八九一年には奉読式のやり方に関する「規程」が制定され、奉読式は

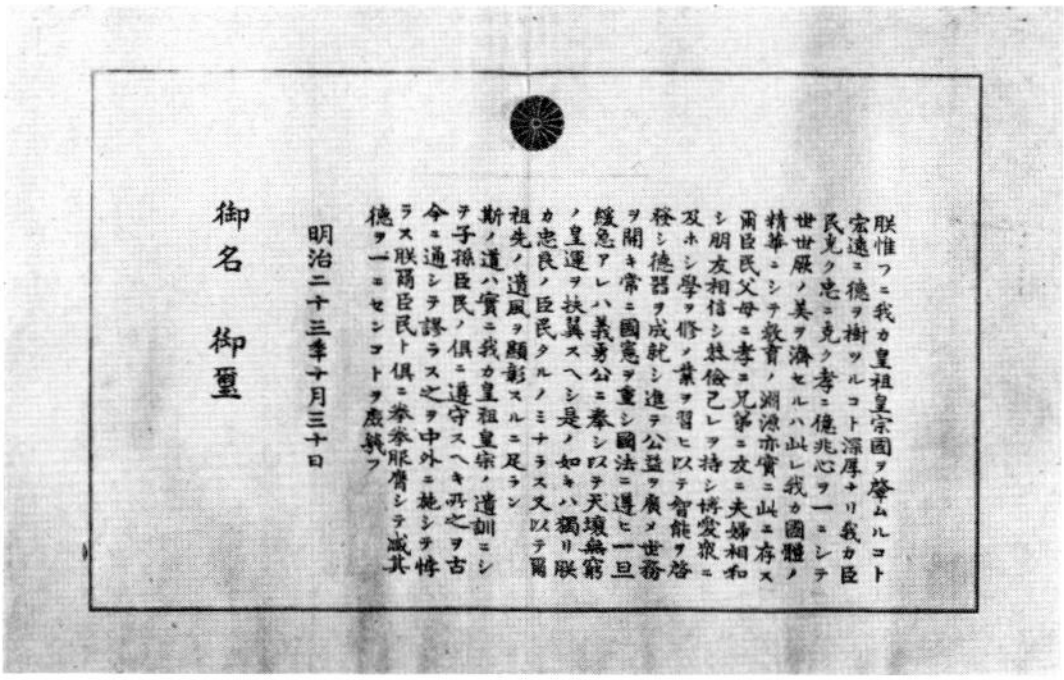
朕惟フニ我カ皇祖皇宗國ヲ肇ムルコト
宏遠ニ徳ヲ樹ツルコト深厚ナリ我カ臣
民克ク忠ニ克ク孝ニ億兆心ヲ一ニシテ
世世厥ノ美ヲ濟セルハ此レ我カ國體ノ
精華ニシテ教育ノ淵源亦實ニ此ニ存ス
爾臣民父母ニ孝ニ兄弟ニ友ニ夫婦相和
シ朋友相信シ恭儉己レヲ持シ博愛衆ニ
及ホシ學ヲ修メ業ヲ習ヒ以テ智能ヲ啓
發シ徳器ヲ成就シ進テ公益ヲ廣メ世務
ヲ開キ常ニ國憲ヲ重シ國法ニ遵ヒ一旦
緩急アレハ義勇公ニ奉シ以テ天壤無窮
ノ皇運ヲ扶翼スヘシ是ノ如キハ獨リ朕
カ忠良ノ臣民タルノミナラス又以テ爾
祖先ノ遺風ヲ顯彰スルニ足ラン
斯ノ道ハ實ニ我カ皇祖皇宗ノ遺訓ニシ
テ子孫臣民ノ倶ニ遵守スヘキ所之ヲ古
今ニ通シテ謬ラス之ヲ中外ニ施シテ悖
ラス朕爾臣民ト倶ニ拳拳服膺シテ咸其
徳ヲ一ニセンコトヲ庶幾フ

明治二十三年十月三十日

御名　御璽

文部省が諸学校に交付した教育勅語謄本

厳粛な学校儀式として形を整えていきます。さらに、天皇が直接「臣民」に語る形式である「教育勅語」の奉読式会場に御真影があれば儀式の効果は増大するとして、一八九二年に公立の尋常小学校と幼稚園への御真影（複写）の「奉掲」が許可されました。

こうして、四方拝、紀元節、天長節の三大節（一九二七年からは明治節を加えた四大節《しだいせつ》）に行われる、「教育勅語」の奉読と御真影への拝礼がセットになった儀式が、全国の小学校で実施されるようになり、次第に「教育勅語」の精神が人々の意識に浸透していきました。

ところで、この儀式導入期、特に一八九〇年代前半に、マスメディアによって一九件のキリスト教系学校やキリスト教徒による「不敬」事件が報道されています。その中で最も有名なのは、一八九一年に第一高等中学校で起こった内村鑑三不敬事件でしょう。

しかし、この内村鑑三の事件も含めて、どの「不敬」事件の記事にも、その真相と報道の内容には乖離《かいり》がありました。ほとんどの事件が虚報か、誤解や悪意に満ちた中傷の域を出ないものだったのです。

内村鑑三事件も、奉読式において「宸署《しんしょ》」（天皇直筆の署名）がある「教育勅語」への「奉拝」（深々とした低頭）を求められた内村が、最敬礼はせず、少しだけ頭を下げた（「薄礼」）というのが実態でしたが、多くの雑誌や新聞は、内村を御真影に「拝礼」しなかった「不敬漢」「国賊」と報道していました。

そして、この事件を契機にキリスト教への言論攻撃が拡がり、東京帝国大学教授の井上哲次郎は『教育ト宗教ノ衝突』を書いて、キリスト教は忠君愛国思想にも臣民道徳にも合致しないし、非国家主義的なキリスト教は国家主義の「教育勅語」とは相容れない、とキリスト教を攻撃し、キリスト教側と論争になりました。カトリック教会も、一八九三年にリギョール（正しくはリニュールだが、リギョールと表記されることが多い）神父と前田長太神学生が共著の形で『宗教ト国家――前篇』を著して井上の論に反駁を試みましたが、発売前に発禁処分を受けてしまい、その続篇は刊行されずに終わりました。

カトリックも含めキリスト教徒たちは、大日本帝国憲法第二八条によってキリスト教は法的に受け入れられ、信仰の自由を得たと安堵していました。ところが、一八九〇年に「教育勅語」が出され、臣民が天皇に忠孝を尽くすことが「国体」（国のあり方）の中心だとされると、キリスト教は「国体」に反しており、キリスト教徒は臣民として「不敬」「不忠」というイメージがマスメディアを通して強烈に生まれました。

これは、法的には問題がなくなったキリスト教が、社会的に異分子として裁かれ、排除されるべき存在とされた、ということです。その裁きの基準は、「教育勅語」によって国民道徳の源となった天皇に対し、臣民としての忠義と敬意を社会が認める形で示しているか否か、というものでした。

キリスト教の各教派はこの疑念を打ち消すことに力を入れますが、それはカトリック教会も同様でした。カトリックはこの後、自らの「忠君愛国」の証明に心を砕いていきます。その一つの形が、戦争時における「愛国」の行為でしたが、これについては11章で扱います。

# 10　分水嶺としての一八九〇年（四）――長崎教会会議

**一八九〇年の長崎教会会議**

大日本帝国憲法の発布と「教育勅語」の渙発は、いわゆる「国家神道」確立の一つの画期となり、日本国家の一員として生きるカトリック教会も、この「国家神道」との関係の中で自身を形成していくことになりました。

その意味で、一八九〇年は日本のカトリック教会のみならず日本社会にとって分水嶺の年であったわけですが、実は、カトリック教会自身においても、一八九〇年は画期となる年でした。というのは、この年の三月二日から二九日まで、長崎の大浦天主堂で日本最初の教会会議（長崎教会会議）が開かれたからです。

教会会議とは、「教会を代表して司教が、教義や規律について審議決定するために集まる会議」（『岩波キリスト教辞典』）のことで、司教会議とも呼ばれます。

長崎教会会議は、ラテン語で Primae Synodi Regionalis Japoniae et Coreae Nagasaki（第一

回長崎日本・朝鮮地方教会会議）と言いますが、これは、一八九〇年当時、日本と朝鮮半島が同一地方区を形成していたため、日本と朝鮮の合同で会議が行われたからです。長崎教会会議の正式出席者は、日本からの司教三名（オズーフ、ミドン、クーザン）と韓国からの司教代理一名で、七名の宣教師たちも神学顧問として参加していました。

ところで、この会議は、一八七九年六月二三日付の布教聖省教令に基づいて開かれたものでした。この教令は、第一バチカン公会議の精神を各地方教会に導入し徹底させることを目的として出されたものです。では、第一バチカン公会議の精神とはどのようなものだったのでしょうか。

**第一バチカン公会議の精神**

一九世紀前半、どんな改革との妥協も拒絶する、「ゼランティ」と呼ばれる超保守派に属するローマ教皇が続いた後、一八四六年にピウス九世が教皇となりました。当初、ピウス九世は自由主義的な政策を打ち出したため「覚醒教皇」と呼ばれ、人々の間で絶大な人気がありました。ところが、本来は保守的だったピオ九世は、一八四八年革命（同年にイタリア、フランス、ドイツ、オーストリアなどヨーロッパ各地で起こった革命運動の総称。これにより、自由主義・ナショナリズムを弾圧し現状維持を図るウィーン体制は崩壊した）の衝撃の後、反動化して極端に保守的になります。その表れの一つが、一八六四年に公布した、八〇の「誤謬《ごびゅう》」を列挙した『誤謬表』でした。

『誤謬表』は、社会主義、共産主義、自由主義、あるいは礼拝・出版の自由や教会と国家の分離といった近代思想を誤りとして断罪する内容で、特に締めくくりの第八〇番「ローマ教皇は、進歩、自由主義、現代文明と和解できるし妥協すべき」と考えることは誤りであるという文章は、当時のヨーロッパの多くの人々からカトリック教会が出した近代文化への絶縁状と受け取られ、大きな波紋を呼びました。

そんな中、ピオ九世は一八六七年に、教会が「直面しているはなはだしい困難から特別な方法で救うため」に公会議を召集する意向を表明し、第二〇回公会議が一八六九年一二月八日に開かれたのです。この公会議は、バチカンのサン・ピエトロ大聖堂を会議場としたので、第一バチカン公会議と呼ばれています。

第一バチカン公会議は、さまざまな事情、特に一八七〇年七月に勃発した普仏戦争の影響によって中断を余儀なくされ、同年九月にそのまま閉会してしまったため、準備された議題の多くは議論できませんでした。しかし、この公会議は閉会前に、キリストの教会に関する教義憲章『パストール・エテルヌス』を出し、教皇の不可謬性を正式に宣言していました。

教皇の不可謬性とは、教皇が全司教団の頭として、教皇座から（エクス・カテドラ）「福音の真理に関する事柄について公に宣言するとき」（『岩波キリスト教辞典』）、聖霊によって真理から逸脱しないよう守られていることを宣言したものです。時々誤解されているような、教皇個人が間違いをしないとか、道徳的に不謬だということではありません。

第一バチカン公会議が『パストール・エテルヌス』によって教皇の不可謬性を宣言したことで、一九世紀を通して強化され続けた教皇権は、さらに確固たるものとなりました。カトリック教会はアイデンティティの危機に直面する度に、より中央集権的な改革を行うことで危機を乗り越えてきましたが、第一バチカン公会議後の教会も同様の改革を行いました。その結果、教会内部の多様性や多元性を重視するよりも、教皇崇敬が強く、ローマ教皇庁を中心とした、非常に中央集権的かつ単一的な教会を作り上げることが第一バチカン公会議の精神となったのです。

**第一バチカン公会議の日本への影響**

教皇庁は、この第一バチカン公会議の精神に基づき、より強くなった教皇の権威の下に全世界のカトリック教会を団結させるべく、信徒たちの自主的活動によって多様化しつつあった宣教地の教会を監督・指導しようと、各宣教地の司教たちに教会会議を開催し、宣教地における信仰実践を細かく規定することを求めました。それが、先述した布教聖省教令です。

この教令に応じて開かれた長崎教会会議の決議文には、大きく三つの特徴がありました。青山玄によれば、次の通りです。

（一）司教が司祭やカトリック出版物を監督する義務とそのやり方、また、司祭が神学生、伝道士、信徒、求道者などを指導、試み、監視するやり方などが詳細に述べられた。
（二）「キリストのこの世における代理者」という概念を媒介にして、ローマ教皇とその代理者である司教や司祭に対し、信徒が従順であるべきことを強調した。
（三）信徒を指導監督するための細かい具体的な法規を定めて、教会活動を画一的なものにした。

こういった特徴を持つ決議内容を土台にして一八九〇年代に行われた改革により、日本のカトリック教会では、伝道士を含む信徒たちに対する、司教・司祭による指導、監督が強化され、画一化が推し進められました。

例えば、長崎での教会会議以前、宣教師が求道者に対し短期間に根本的に重要なことだけ教えて、簡単に洗礼を授けることも珍しくありませんでした。また、聖書や教義について基本的な知識しかなくても、新たに信者となった人々が積極的に周りの人々に宣教することも多くありました。そして、宣教師が稀《まれ》にしか巡回しない農村地域では、信徒リーダーの家が求道者の教理学習やミサなどを行う教会の役割を果たしていました。

ところが、教会会議の後、求道者に対する指導が細かく規則化されると、司祭や司祭の監督のもとにある伝道士から学ぶ必要が生まれ、また学ぶべきことも増えたため、洗礼準備期間が長くなりました。かつ、信徒の家での家庭ミサも禁じられ、司祭が常住するか、しばしば巡回する教会に信徒も求道者も行かなければならなくなります。こうして、そのような教会が存在しない農村地域では、それまで盛んであった信徒による宣教活動は崩壊しました。

その結果として、大人の受洗者が急激に減り、一八九〇年には、一人の宣教師につき年平均二四・四人いた受洗者が、一九〇〇年には九・九人にまで下がります。

また、第一バチカン公会議の影響が浸透していくにつれて、司祭は近代社会の動きから少々離れて生きている存在だ、という司祭像が定着しました。そして、司祭中心主義で動くようになったカトリック教会自体が、近代社会や思想に距離を置く、社会からいささか遊離した存在となっていきました。すると、教会に男性はあまり来なくなり、カトリック教会は女性信徒の割合が高い信徒集団へと変化しました。

すでに5章で触れたように、明治前期には、主に男性信徒たちが活躍しており、彼らは積極的に宣教し、自主的に社会にコミットしていました。そして、長崎教会会議後もしばらくの間、信徒たちは積極的に新たな形で宣教活動に取り組もうと試みていました。例えば、一九〇一年に全国の信者が一致団結して宣教に奉仕することを目的に「公教教友会」が立ち上げられ、東京では宣教のための「公開演説会」を開催したりしています（東京教区以外の教区にある小教会からの参加は諸事情により妨げられ、活動は東京に限定された）。また、その「公教教友会」と協力して宣教を促進しようとする青年たちが一九〇二年に「公教志向社」を始めたり、一九〇四年には「公教婦人会」が創立されたり、と信徒たちの自主的な活動がまったく消えたわけではありませんでした。

しかし、そのように主体的にさまざまな活動をしていた信徒たちに対し司祭が細かく指導・監督する体制が強められていくと、次第に信徒の自主的な活動は抑圧されていきます。また、自主的な活動がある程度容認されていても、主任司祭が変わると禁止されてしまうなど、信徒の活動は外的な要因に大きく左右されるようになりました。

こうして、基本的に、信徒たちは男女を問わず、規則と司祭の指導に忠実かつ従順な、受け身の存在へと変貌し、日本人信徒たちは受動的な信徒集団へと変わっていったのです。

このように、第一バチカン公会議の精神を導入する道を開いた長崎教会会議は、それまでの信徒の生き生きとしたエネルギーを殺《そ》ぐ改革を行ったと言えます。この会議が日本のカトリック教会にとって一つの画期となった所以《ゆえん》です。

# 11　日清・日露戦争と日本カトリック教会

９章で、一八九〇年代に入り、それまでキリスト教宣教を有利にしていた欧化主義が退潮し、代わりに国家主義が台頭してキリスト教信仰に不敬という社会的イメージが生じ始めたことに対し、キリスト教側は自らの「愛国」の心情を示そうとしたということに触れました。ここではその具体的事例として、日清・日露戦争中にカトリック教会がどう動いたかに焦点をあててみたいと思います。ただし、このテーマに関する先行研究はほぼ皆無と言える状況であるため、ここでの内容は、主に『年次報告』と『声』を史料として使いながら、私が試みに考察した仮のデッサンのようなもので、後日改めて本格的に研究されるべきことを述べておきます。

### 日清戦争とカトリック教会

一八九四年七月二五日、朝鮮忠清道《チュンチョンド》の北方海上で日本艦隊が清国の北洋艦隊を攻撃し、日清戦争が始まりました（両国が宣戦布告の詔書を発表したのは八月一日）。日本では、日清戦争は

「文明開化の進歩を謀《はか》るもの」（日本）と「其《その》進歩を妨げんとするもの」（清国）の間の戦争（福沢諭吉）、つまり、「文明」対「野蛮」の戦争であるという構図が示され、国民は初めて体験する対外戦争を熱烈に支持しました。

プロテスタント教会も、内村鑑三が「日清戦争は吾人に取りては実に義戦なり」と述べ、本多庸一《よういつ》が「大義名分の明《あきらか》なる古今有数の義戦なれば天祐に由りて愈々《いよいよ》勝利たるべき」と演説するなど、概ね、日清戦争を「義戦」として肯定的に捉えていました。

また、全体としてプロテスタント教会は、キリスト教は国体に反する売国奴的な宗教だという一八九〇年代に強くなった社会的評価を覆し、国家に尽くす宗教という社会的公認を獲得するために、日清戦争に対し意識的かつ積極的に協力しました。「清韓事件基督教同志会」を組織して戦場での軍隊慰問を行い、『宣戦詔勅俗解問答』『軍人必読養勇論』といったパンフレットを発行してキリスト教徒の立場から戦争の意義や軍人の心構えを説いた本多庸一の活動は、その代表例と言えます。

一方、カトリック教会を見ると、当時の教会指導層を占めていたフランス人宣教師たちにとって日清戦争とは、ヴァスロン大阪司教の報告（『年次報告』一八九五年）が示すように、「我々の仕事を妨げ、宗教から人々を遠ざけ」る宣教上の障害物でしかなかったようです。個々の宣教師の書簡を精査すれば別の様相が見える可能性はありますが、少なくとも『年次報告』からは、教会として日清戦争に積極的に関わろうという姿勢は伺えません。

また、プロテスタントメディア（『基督教新聞』『福音新報』など）が日清戦争に関して社説や関連記事を何度も出しているのに対して、カトリックメディア（『声』）は、日清戦争関連記事自体が極めて少なく、多少目につくのは、戦争の勝利を祝い日本軍兵士の勇壮さを讃える、読者からの漢詩や短歌の投稿くらいで、日清戦争の性格について論じた記事などは見当たりません。

さらに、カトリック教会の戦争協力活動も、『声』で確認した限りでは、京都の有力な実業家の信徒が、自分が関わる組織に呼びかけて戦争資金のための募金を集めて献金したり、浅草や函館の信徒たちが、日本の勝利を祈願するために毎日交代でミサに出ると決めたりするといった、個人や個々の教会が自主的かつ散発的に行う程度でした。

こうしたことから、日清戦争の時点では、プロテスタント教会のような、戦争への積極的協力によって社会的公認を獲得するという発想がカトリック教会には弱かったと思われます。

## 日露戦争とカトリック教会

一八九五年四月に下関条約が締結され、日本に遼東半島と台湾が割譲されることになると、ドイツ、ロシアそしてフランスの三国が日本に対し遼東半島を清国に返還するよう圧力をかけ、日本がそれに屈するという、いわゆる三国干渉が起りました。

この出来事により、日本ではロシアへの敵愾心《てきがい》が燃え上がり、「臥薪嘗胆《がしんしょうたん》」が叫ばれ、軍国熱が高まりましたが、ロシアと組んで遼東半島を返還させたフランスへの反感も、また強まりました。オズーフ司教は、三国干渉以後、カトリック宣教師に対する「日本人の一般の雰囲気はずっと冷淡になっている。要するにこれから当分の間、列強の干渉の影響を消すことは困難であろう」(『年次報告』一八九六年)と報告しています。

この反フランス感情がその後どの程度継続したか現段階では明言できませんが、日露戦争直前、確実に日本社会の中でフランス人への疑惑や反感は高まっていました。例えば、開戦前にフランス人宣教師の何人かはロシアのスパイ扱いされ、不快な目に遇っています(『年次報告』一九〇四年)。

当時、日本ではカトリックと言えばフランス人でしたが、そのフランスは、三国干渉を行った上にロシアと露仏同盟を結び、フランス資本がロシアの戦費を支援していたのですから、ロシアの味方とみなされたフランス人宣教師およびカトリック教会に対し、日本社会からの風当たりが強くなったのは当然といえるでしょう。一九〇四年の『年次報告』は、長崎教区の日本人信徒たちが「他の人々より、愛国心に乏しいと思われているのを恐れているかのよう」に不安がっているると述べており、カトリック信徒は愛国心に欠けているという疑惑の眼差しが向けられていたことが伺えます。

日本のロシア正教会は、敵国ロシアの宗教として厳しい目にさらされ、日本人信徒たちがさまざまな迫害を受ける中、日露開戦にあたって、ニコライ主教は「日本人は日本の勝利を祈れ」という「主教教書」を出し、教会としては「正教会の信者の愛国心がだれの目にもあきらかにみえるように」戦争のための寄付金募集や病院の傷痍軍人を助ける婦人会を組織するなど、自らの愛国心と献身を強くアピールしなければなりませんでした。

同様に、日本社会から疑惑の目を向けられたカトリック教会も、自らの愛国心や献身を社会に向かって明示する必要に迫られました。日清戦争時のように戦争を宣教の妨げと嘆いているだけではすまない状況にカトリック教会は置かれたのです。

そんな状況下で愛国心を示す一手段として、宣教師たちはカトリック信徒たちが兵士として立派であることを期待しました。『年次報告』（一九〇四年、一九〇五年）には、カトリック信者の兵士たちは己《おのれ》の命を惜しみない心で祖国のためにささげようと出征していくと誇らかに語り、戦場で勇敢な兵士として戦い戦死したことを肯定する報告が見られます。そして、このようなカトリック信徒の「良い兵隊」の存在が「誠実な日本人のすべてに、カトリック信仰と天皇への忠誠とは両立し得ないものかどうかとの問いに対する答えを与えるだろう」（『年次報告』一九〇五年）と述べていました。

また、日本在住のフランス人宣教師たち自身も日本の勝利を願っていました。これは、フランスのカトリック教会がロシア寄りの姿勢を打ち出していたこととは対称的で、宣教師たちは明確に日本寄りの立場を示したといえます。

『声』に掲載された日露戦争時の教会の活動内容を見ると

(一) 開戦早々、司祭たちが信徒たちと相談して軍資金を集めて寄付する。

(二) 各教会の信徒たちが恤兵《じゅっぺい》(戦地に物品を送り兵士を慰問)のための献金をする。

(三) 陸軍大臣に数人の従軍司祭派遣の要請を出して許可を得る(ただし、各師団に割り当てられた従軍布教使枠はすべて仏教僧が占めていたため、カトリック司祭は待機)。

(四) 日本軍勝利のために毎月数度のミサをささげる。

(五) 三重県津市の女性信徒が始めた傷病将兵の慰問事業を、『声』誌が誌面を使ってその活動資金を集め全面支援する。

などなど、日清戦争の時より、教会ははるかに組織的かつ積極的に戦争に関わっていました。ただし、カトリック教会として一丸となって戦争協力をするという態度では、まだなかったようです。例えば、一九〇四年五月に東京で開かれた、日露戦争が東洋の平和を回復することを目指すものであることを主張する「大日本宗教家大会」に、カトリック教会からは誰もその発起人や賛成人に名を連ねていません(プロテスタントからは六人が発起人となっている)。この大会には、神道・仏教・キリスト教(プロテスタント、ユニテリアン、ロシア正教)から約一五〇〇人が集いましたが、カトリック教会からの出席者はごく少数で、このような集会に対しては、政治的なものとして距離を置いていたのではないかと思われます。

さて、自らの愛国心を日本社会に示すべく戦争に協力したカトリック教会でしたが、日比谷事件によって、カトリック教会を含むキリスト教への日本社会の不信と拒絶の深さを思い知らされることとなりました。一九〇五年九月に結ばれたポーツマス条約の内容に不満を爆発させた群衆が、暴徒化して国民新聞社や内相官邸を襲い、警察署や多数の派出所を焼き打ちするなど三日間続いたこの暴動のさなか、カトリック本所教会とその付属建物のすべてが暴徒たちによって焼き払われたのです（プロテスタント諸教会においても二つの教会が同様に焼き打ちされ、九つの教会が破壊を被った）。

戦争中の教会の献身も、ロシアの味方であるフランス、異端の臣民であるキリスト教徒という、民衆の疑念と不信の前には何の力もありませんでした。そして、この献身と不信・拒絶の構図は、この後も繰り返されていきます。

# 12　二〇世紀初頭の宣教不振打開策——日本人司祭・信徒を中心に

日本カトリック教会は、一八九一年に四つの代牧区がそれぞれ、東京大司教区（初代大司教オズーフ）、函館司教区（初代司教ベルリオーズ）、大阪司教区（初代司教ミドン）、長崎司教区（初代司教プティジャン）に昇格し、制度的に確立しました。しかし、日本宣教は既に触れたように一八九〇年代から停滞し、二〇世紀初頭には行き詰まりの様相を呈していました。

この停滞の要因については、第一バチカン公会議精神の導入や日本社会における日清・日露戦争によるナショナリズムの盛り上がり、不平等条約改正に伴う「内地雑居」、つまり、外国人が内地に居住・旅行・土地取得の自由を得て日本のどこでも居住することによって起こる変化への恐れなど、さまざまな視点から考える必要があります。

と同時に、カトリック教会内で宣教の現状がどう把握され、停滞の要因は何だと考えられ、どう対応しようとしたかについて検討する必要もあります。そこで、本章では、日本人司祭・信徒たちを中心にして、そのことを考えてみたいと思います。

### ヴィグルーおよび平山神父による現状認識

一八九四年、東京副司教のヴィグルー神父は、オズーフ大司教宛に「意見書」を提出しました。そこには、

（一）日本社会には、カトリック信者は貧しく無教養だというイメージがあるので、カトリック教会が社会的影響力を持つためには出版活動を盛んにすべき。しかし、慈善事業や初等・中等教育事業を中心とする今の教会では対応できない。

（二）カトリック教会に近づこうとしない上流・知識階級の人びとを惹きつけるためには、高等教育機関を設立する必要がある。だが、人材・資金面から見て、現在日本で活動しているどの修道会もそれはできない。

という現状分析が記されていました。

また、長崎教区の平山要五郎（通称・牧民）神父が一九〇三年一二月に日本の各司教に送った「具申書」には、以下のような現状認識が記されていました。

（一）カトリック教会が日本で低調なのは、人材・経済面で「万事が整備せざる」から。日本における宣教で最も優位に立っているのはプロテスタント教会であり、それをカトリック教会は認めるべき。

(二) プロテスタント系の学校は「全国至る所、枢要の地」にあり、それらの学校出身者たちが各地の中学校に赴任して教えるため、たとえその教員がプロテスタント信者でなくても、生徒は自然にプロテスタントの「臭味」に染まる。

(三) プロテスタント信者には政治家、学者、官吏、資産家など「中等以上の人」が多く、さまざまな分野で活躍しているのに対し、カトリック信者は村長さえ務める者がおらず、「島人山人無学文盲多くは田野生の愚夫愚婦」だけが信じるものと世間では思われている。にもかかわらず、フランス人宣教師たちは宣教方法を十分反省していない。

(四) 世間ではキリスト教といえばプロテスタント教会と思われており、カトリック教会は「社会の時運」に合わぬ「社会外のもの」とみなされ、歯牙にもかけられていない。

以上、両者に共通しているのは、①日本社会でのカトリック教会イメージは極めて低い、②日本社会の実情に合う適切な宣教方法が行われていない、③宣教不振の根底には人材・資金不足がある、という認識でした。そして、この現状を打開するための方策として、両者とも求めたのがイエズス会の来日でした。

例えば、ヴィグルー神父は、出版活動と高等教育機関設立を担ってもらうために、イエズス会に来日を要請すべきとしました。ところが、日本で働く多くのパリ外国宣教会宣教師たちはパリ外国宣教会による単独司牧体制を維持すべきとしてイエズス会の来日に強く反対したため、パリ外国宣教会がイエズス会に来日を要請することは遂にありませんでした。

**長崎教区のイエズス会招来運動**

一方、平山神父は、

（一）カトリック教会もプロテスタント教会のように、青年層の獲得に向け教育に力をいれるために、イエズス会の来日はぜひとも必要。

（二）日本のような「天皇陛下を神の子孫などと信じている国民」には、上から下へと宣教する修道会が必要で、この方法を活動方針とするイエズス会こそ「日本の国情」に合致。

（三）フランスはロシアの同盟国であるため、フランスの宣教会による日本宣教は国民感情的にも支障がある。「各国人の雑集せる」イエズス会こそ、今の日本に最適。

という理由で、イエズス会の招来を日本の各司教たちに懇願しました。

実は、平山神父はクーザン長崎司教に無断で、一九〇二年に上海でイエズス会士たちと接触し、長崎教区へのイエズス会誘致の希望を伝えていました。しかし、これがクーザン司教に知れ、彼は一九〇三年七月に聖職停止処分となりました（一九七一年に里脇浅次郎大司教より特赦）。

平山神父が聖職停止処分となった年の一一月、当時、上海に滞在していたイエズス会の東洋学者ヨゼフ・ダールマン神父（ドイツ人・上智大学創立メンバーの一人）が来日します。その理由は研究のためとなっていましたが、クーザン司教はこの来日は、平山神父の働きかけによるものと理解していました。

このイエズス会招来運動は、平山牧民のほかに二人の日本人司祭が関わっており、この二人も聖職停止処分となりました。すると、彼らを支持する一部の長崎教区の信徒たちが、一九〇四年六月に平山の「具申書」を、彼と同内容の意見を記した「謹奏書」を添えてローマ教皇庁に送るという行動に出ました。さらに彼らは、一九〇五年にオコンネル教皇使節が長崎に立ち寄った際、密かに、イエズス会の再来日を要望する「請願書」をオコンネルに渡しています。オコンネルは教皇庁へ提出した報告書にこの「請願書」の内容を記し、信徒たちのイエズス会来日の願いは教皇庁関係者に知られることとなりました。

平山神父たちの行動には、教区司祭でありながら司教に無断で行動したこと、再宣教開始以来、日本宣教に尽力したパリ外国宣教会の働きを低く評価し過ぎていることなどの問題点があります。しかし、日本カトリック教会にとって一つの転機となるイエズス会来日が、イエズス会の熱意や布教聖省の宣教戦略などによってのみもたらされたのではなく、日本人側からの能動的な働きかけの影響も受けた決定であったことは記憶されてよいと思います。

## 東京教区における対学生・知識人活動

イエズス会誘致に動いた長崎教区とは異なり、東京教区では、日本人司祭・信徒と一部フランス人宣教師が協力して、学生・知識人をターゲットにした活動が試みられました。そこにあったのは、知識人向け事業をなおざりにしてきたことにカトリック教会劣勢の要因があるという認識でした。

対学生・知識人活動の日本人側の中心人物は前田長太神父で、彼に協力した主なパリ外国宣教会の宣教師は、リギョール神父とフェラン神父でした。

リギョール神父は明治から大正期にかけて、神学、哲学から家庭や人生論まで幅広い主題に基づく約八〇冊の著作をものした当時の日本カトリック教会きっての知識人宣教師です。

一方、フェラン神父は、もとは長崎教区で宣教していましたが、高等教育に関心を持って東京教区に移った宣教師でした。彼は、日本でカトリック教会が発展するためには知識人向けの宣教が不可欠と考え、一九〇〇年に東京で育英塾という学生向けの施設を始めました。これは、育英塾でカトリックに改宗した優秀な学生たちが、将来、高い社会的地位につくことを想定した、上から下への宣教の一手段でした。

そして、一八九四年に東京教区初の日本人司祭の一人として叙階された前田長太神父は、リギョールの愛弟子として、神父の著作の大半を日本語に訳し、すでに9章で述べたようにリギョール神父と合作で『宗教ト国家――前篇』を書いた人物でした。

その前田神父は、一九〇三年に知識人信徒向けの『通俗宗教談』という雑誌の刊行を始めました。カトリック教会の発展には知的志向を持つ学生信徒たちの成長が不可欠と考える一部のフランス人宣教師たちも、この雑誌に寄稿して協力しました。この『通俗宗教談』にはプロテスタント系雑誌についての好意的評価を載せるなどの斬新さがあり、若いカトリック知識人層から好意的に受け入れられました。

さらに、前田、フェラン両神父は一九〇四年、育英塾を拠点として公教青年会という組織を立ち上げました。公教青年会（第一次。一九一六年、暁星中学校出身者有志により発足した同名称組織は第二次）は、月例講演会やフランス語聖書の講義などを神田教会で行い、一九〇五年八月には『新理想』という月刊誌を創刊し、オコンネル教皇使節の滞日中の一九〇五年一一月には、教皇使節の一般向け講演会を企画・実行しています。

なお、公教青年会のメンバーたちは、オコンネルに面会する機会を得た際、英語もしくはドイツ語系のカトリック大学の創立を進言したと言われています。長崎教区の信徒同様、ここでも日本人信徒たちはフランス人司教たちを差し置いて、より高位の聖職者を通して教皇庁に自分たちの要求を訴え、自分たちの願いを実現しようとしたのです。

マリア会のクロブ総次長は、この動きを、日本人信者が外国人宣教師から反抗的に自立しようとするものと否定的に捉えました。しかし、これは反抗的自立の動きというより、第一バチカン公会議の精神が日本に導入され聖職者中心主義が定着していく過渡期において、日本人信徒たちが行った宣教の方向性に関する主体的な行動と見るべきでしょう。

**対学生・知識人活動の休止**

東京教区で行われた対学生・知識人活動は、一九〇五年一二月に前田神父が『通俗宗教談』に書いた記事によって引き起こした筆禍事件により、暗転しました。『通俗宗教談』は一九〇六年二月で廃刊に追い込まれ、前田長太は一九〇七年に還俗してしまいます。

また、フェラン神父が関わっていた雑誌『新理想』も一九〇七年四月で突如廃刊となり、フェラン神父自身も一九〇七年九月（一二月とも）に名古屋へと転任させられました。それに伴い、彼の行っていた育英塾事業は消滅し、前田・フェラン二人の指導者を失った公教青年会の活動も解消されました。

さらに、前田の師であったリギョール神父も、「自分の通弁人（＝通訳）」「書記」「顧問役」とみなしていた前田長太の還俗によって、その執筆活動は低調となって、次第に教会での活動場所を失っていき、一九一二年には香港へ異動となりました。こうした一連の動きから、パリ外国宣教会宣教師で占められていた日本教会上層部が、彼らの活動を快く思わず抑制しようとしたことが伺えます。

なお、この一連の出来事以前にも、雑誌編集に携わることを望んでいたＪ・Ｃ・バレ神父がその要望を受け入れられなかったために一九〇〇年に宣教会を退会・帰国したり、日本で初めてフランス書籍を扱った書店である三才社を経営し、ルモアーヌ神父とともに総合的文化雑誌『天地人』を創刊（一八九八年）したペリ神父（先駆的な能楽研究者でもあった）が、学術・芸術活動に熱心であることを「脱線的態度視」されて水戸に左遷されたことをきっかけに、一九〇二年にやはり退会したりしています。こうしたことから、日本のパリ外国宣教会は、概して宣教師たちが知的活動に従事することを問題視する傾向があったと推測できます。

パリ外国宣教会は中・上流階層への宣教を軽視していたわけではありません。しかし、宣教師たちの中には、カトリック信者は概して貧しく無学な人びとであることを遺憾とする現状認識や、知識人に力点を置いた宣教活動にシフトしようとする動きへの反発がありました。

例えば、『声』の主幹であったルモアーヌ神父は、イエス・キリストが教会を創始した時、「世人の最も軽蔑する貧賤なる、無学なる無能無力なる者」を用いられたのであり、日本カトリック教会に社会的有力者が少ないことは、カトリックが「真正の」キリスト教であることの証拠だと述べています（「何故に我邦の縉紳学者は公教に帰依せざる乎」『声』三〇一号）。そして、宣教に必要なのは、名声や知識よりも愛であると主張しました。

要するに、一部の人々にせよ日本人司祭・信徒は、貧困層への慈善事業中心のこれまでの宣教方法を時代遅れと見て、より知的側面を重視し、青年会活動のような小教区を超えて信徒同士がつながる組織を模索しました。しかし、それに対して多くの宣教師は、知性重視は愛を軽んじ信仰心を損なうものと警戒し、小教区を横断する組織は小教区司祭と信徒の間の父子的な結びつきを壊すと否定的に見たのです。こうして、日本人司祭・信徒の活動は抑圧されました。そして、信徒が積極的にすべきは司祭補佐業務への参加とし、司祭に従順であることをよしとした宣教師たちの姿勢は、結局、信徒たちの司祭依存を強め、受け身の存在としたのです。

## 13 「第四階級」からの脱却を目指して

一九〇三年に教皇となったピオ一〇世は、東アジアで勢力を拡大する日本での宣教の成否がアジアにおけるカトリック宣教の将来を左右するとみて、日本宣教の見直しに乗り出しました。その一つの表れが、前章でも触れたオコンネル教皇使節を日露戦争終結直後に日本に派遣したことです。

このオコンネル来日の目的には、「日本帝国においてカトリックがおかれている状況、将来に期待しうること、カトリックに対して特に指導者階級の間で培われている態度などについて」内密に調査することが含まれていました。

一九〇五年一〇月末に来日したオコンネルは「幾多の方面から」普遍的であるというなら、その国際的特徴を生かして多国籍であるべきカトリック教会の宣教が、「なぜただ一国の司教・司祭の手に全面的に委ねられているのか」と問われました。また、東京にカトリック大学を設立する案を、オコンネルが桂太郎首相にほのめかしてみると、桂首相は、それを歓迎するが「教授陣・経営陣がフランス人だけにならぬように」と注文をつけました。

さらにオコンネルは、滞日中、日本では、司教座教会がカトリック教会ではなく「フランス教会」と呼ばれ、司祭たちは「フランス神父」と呼ばれ、カトリックの学校教育はフランス語一辺倒であり、また、フランスがロシアの同盟国であるために日本人はフランス人宣教師に不信感を持っているなど、フランス人宣教師による宣教独占は日本宣教に大きな支障をもたらしていると観察しました。

このようなオコンネルの報告を受けた教皇庁は、イエズス会再来日の必要性を確認し、一九〇六年、イエズス会に対して正式に日本での活動、わけても緊急に「高等教育機関を設立すること」を要請しました。当時の教皇庁国務長官であったメリー・デル・ヴァル枢機卿は、成果を上げきれていないフランス人宣教師に代えて、英語圏やドイツ語圏の宣教師を派遣し、日本の主要都市に「貴族の子弟を引き付けるようなカトリック大学」を創立することが必要だと述べています。

こうして教皇庁は、パリ外国宣教会による単独司牧体制や、フランス人宣教師が「民衆に顔を向けて」いて社会上層部に影響力がないことを問題とし、日本宣教の変革に踏み切りました。それは、宣教団体の多国籍化と高等教育機関設立の推進という形で示されます。

多国籍化についてはすでに、布教聖省が一九〇四年一月に四国知牧区を新設して、この知牧区をフィリピンに拠点を置くドミニコ会（ロザリオ管区）に委託すると決定し、同年二月、台湾で宣教していたスペイン人のアルバレス神父が初代知牧として来日したことで、その一歩を踏み出していました。

そして、一九〇七年以降、カナダ、ドイツ、アメリカ合衆国、イタリアなどからさまざまな修道会が宣教のために来日し始めました。また、新たな知牧区が設立されるたびに、神言修道会（一九一二年に新潟知牧区、一九二二年に名古屋知牧区）、フランシスコ会（一九一五年に札幌知牧区、一九二七年に鹿児島知牧区）、イエズス会（一九二三年に広島代牧区）といった具合に、フランス以外からの修道会に、知牧区・代牧区の司牧が委託されていきました。

さらに、聖心会（一九〇八年来日。後述）、殉教者聖ゲオルギオのフランシスコ修道会（一九二〇年来日）、ヌヴェール愛徳修道会（一九二一年来日）、ナミュール・ノートルダム修道女会（一九二四年来日）など、教育事業を使徒職の中心とする女子修道会が来日して、各地に高等女学校を設立していきました。

新たに来日した女子修道会の中には、英語圏に属する管区から会員が派遣された例がいくつかあり、教授される外国語は、フランス語から英語へとシフトしていきました。かつ、教育事業中心の修道女会の来日によって、日本のカトリック教会では、福祉事業に加えて教育事業に注力する傾向が加速しました。

## 高等教育機関の設立（二）――上智大学

一九〇八年一〇月、三人のイエズス会士が、教皇が望む「高等教育機関」の設立を探るために来日しました。しかし、当時の日本において、法的に「大学」として認められるのは帝国大学のみで、それ以外の公立・私立の高等教育機関の位置づけは、名称は「大学」でも法律上は「専門学校」でした。そのため、当初、イエズス会がどのような形の「教育機関」を日本で始めるかは二転三転します。しかし、結局、専門学校令に基づき、一九一三年に哲学科、ドイツ文学科、商科からなる上智大学を麹町区紀尾井町（現・千代田区紀尾井町）に開校しました。

開校当初の教授陣や開講科目をみると、外国語は英語とドイツ語のみでフランス語が一切ありません。当初、大学での講義がドイツ語でなされる予定であったことも鑑《かんが》みれば、大学教育における脱フランスの意図は明確でした。

入学者一六人で始まった上智大学でしたが、その後徐々に入学者数は増えていきました。そして一九一八年、日本政府が「大学令」を公布し私立大学の設立が認可されるようになると、上智大学もいくつかの試練を乗り越えて、一九二八年に文学部と商学部を擁する大学として認可を獲得しました。

名実共に大学となった後の上智大学は、キリシタン文庫の設立（一九三二年頃）、日本文化を海外に広く紹介するための国際学術誌『Monumenta Nipponica《モニュメンタ・ニッポニカ》』の創刊（一九三八年）、『カトリック大辞典』の編纂《へんさん》（第一巻の刊行は一九四〇年）など、日本におけるカトリック教会の知的活動の中心地となっていきました。

### 高等教育機関の設立（二）――聖心女子学院高等専門学校

ピオ一〇世から女子高等教育を委託された聖心会は、その目的を果たすべく、一九〇八年一月に来日しました。当時の日本は日露戦争後の、イギリスやアメリカと友好関係にあった時期だったため、聖心会は将来を見越してオーストラリア管区から英語系の会員を派遣しています。一九一〇年四月、聖心会はまず、芝区白金三光町《しろかねさんこうちょう》（現・港区白金）にて聖心女子学院高等女学校、および附属幼稚園、小学校を開校し、ついで一九一五年に聖心女子学院高等専門学校（英文科）を開校しました。

当時、日本における女子高等教育機関は、官立では中等教員養成を目的とする東京および奈良の女子高等師範学校しかなく、教養教育を中心とする女子高等教育機関は、私学によって担われていました。一九一五年以前、私立の女子高等教育機関は八校しかなく、そのうちの半分はプロテスタント系でした。聖心会による専門学校の設立は、そこに新たにカトリック系が加わったことを意味します。

聖心女子学院高等専門学校で行われた英語教育のレベルは高く、一九二五年にはその実績が評価されて、中等教員無試験検定の資格が認可されました。つまり、卒業生は課程修了と同時に、文部省教員検定試験を受験することなく、自動的に教員資格を取得できるようになったのですが、当時この特典を得ていた女子の高等教育機関は、聖心以外では日本女子大学校と津田塾のみでした。

### カトリック知識人たちの登場

カトリック系の高等教育機関が日本社会の中でその地歩を固めつつあった一九二〇年代後半から一九三〇年代、岩下壮一、戸塚文卿《とつかぶんけい》、吉満義彦《よしみつ》、田中耕太郎、小林珍雄《よしお》、渋谷治《しぶたに》、カンドウ神父といった人びとが、文筆活動を通して日本社会にカトリックの神学、哲学、社会思想などを訴える存在として登場しました。特に、岩下、戸塚、吉満、田中は一つのカトリック思想家集団を形成したといえるでしょう。

暁星中学校出身の岩下壮一は、東京帝国大学で哲学を学び、一九一九年に文部省留学生としてヨーロッパに留学した際、司祭の召命を受けて神学生となり、一九二五年にヴェネツィア教区の司祭として叙階され、「宣教師」として帰国しました（一九二八年、日本に移籍）。岩下は、一九三〇年から一〇年間、神山復生《こうやまふくせい》病院の院長を務め、ハンセン病患者のために尽力した神父として記憶されています。しかし、同時に彼は、近代日本カトリック教会が生んだ最初の日本人神学者でもありました。すでに東京帝国大学大学院在学中に、カトリック教会は「日本宗教界の第四階級」に甘んじていると書いた岩下は、日本思想界において、カトリックが「市民権」を得ることを目指して苦闘した司祭でした。

岩下同様、暁星中学校出身の戸塚文卿は、司祭になる前は北海道帝国大学医学部助教授でしたが、一九二一年から国費でパリのパスツール研究所に留学中、司祭の召命を受けました。一九二四年に叙階されて翌二五年に帰国した後、戸塚は桜町病院はじめ、いくつかの病院や結核療養所を開設し、福音史家聖ヨハネ布教修道会創立の土台を築き、さらに、月刊誌『カトリック』や『カトリック新聞』の主筆、カトリック新聞社社長、聖母病院初代院長などを務めました。

吉満義彦は、一九二八年に東京帝国大学を卒業した後、パリに留学してジャック・マリタンに学び、一九三〇年の帰国後は、上智大学教授を務め、ほかに東京公教神学校や東京帝国大学などで哲学を講じました。

田中耕太郎は、戦前、東京帝国大学法学部で、商法や法哲学をカトリックの自然法論の立場から研究し、戦後は文部大臣、最高裁判所長官、国際司法裁判所判事などを歴任しました。

小林珍雄はヨーロッパ留学後、『カトリック大辞典』の編纂に従事し、一九三八年から上智大学経済学部で教鞭《きょうべん》をとった人物で、渋谷治は上智大学を卒業後、広島教区神学生としてヨーロッパで哲学、神学を学び、司祭叙階後に帰国してラルボレット神父（イエズス会）たちとともに岡山にカトリック思想科学研究所を設立し、聖書注解書の出版や『聖書研究』誌の発刊を行った司祭でした。

そして、カンドウ神父は、パリ外国宣教会の宣教師として一九二五年に来日後、東京大神学校校長として日本人神学生の養成にたずさわり、かつ卓越した日本語能力でカトリックの思想を日本人に伝えた司祭です。

実は、戸塚文卿も田中耕太郎も、カトリックの受洗時の代父は岩下壮一でした。また、吉満義彦は、岩下壮一の大きな影響を受けて無教会派からカトリックに転じ、小林珍雄も、岩下の感化を受けてカトリックになりました。

そして、吉満も田中も岩下壮一を師と仰ぎ、カンドウ神父も共に『声』を編集するなど岩下壮一と親交が深く、岩下壮一こそが、当時のカトリック思想界の中心的人物であったと言えます。

岩下壮一（1889–1940）

**岩下壮一の働き**

一九二〇－三〇年代のカトリック思想界を牽引《けんいん》した

岩下壮一が行った重要な活動としては、まずカトリック思想研究の基盤整備があります。それは、次に挙げるような活動でした。

（一）一九二六年、カトリック研究社を立ち上げ、自身の著作やヨーロッパ・カトリック思想の翻訳などを含む「カトリック研究叢書《そうしょ》」や「カトリック信仰叢書」を出版し、一九三九年からは雑誌『カトリック研究』（中央出版部発行の雑誌『カトリック』を改題）を発行。

（二）一九二七年、東京帝国大学にカトリック研究会を創立。

（三）一九三四年、若いカトリック信者たちのための宿舎兼養成センターとして、私財を投じて四谷区東信濃町（現・新宿区信濃町）に財団法人「聖フィリッポ寮」（現・真生会館）を開設（舎監は吉満義彦）。

（四）カトリックを日本社会に広く知らしめるために、岩波書店など一般の出版社からカトリック系書籍を出版。

（五）カトリック出版事業の質の向上に力を注ぎ、カトリック新聞社の経営に従事し（一九三八年）、『声』の編集長に就任（一九三九年）。

岩下壮一は、以上のような活動を行いつつ、神山復生病院の院長という激務をこなし、かつ神学・哲学の研究・著述を続けました。彼の活動を見ると、当時の日本カトリック教会の知的活動が、いかに岩下に負っていたかが分かります。それだけに、彼が一九四〇年に五一歳で急逝したことは日本カトリック教会にとって大打撃でした。

ところが今日、思想家としての岩下壮一はカトリック教会内でも忘れられかけています。確かに今日の目から見れば、第一バチカン公会議時代のカトリック思想家であった岩下には、時代遅れとみなされる部分はあるでしょう。

しかし同時に、カトリック思想を日本人として咀嚼《そしゃく》し、西洋からの借り物ではなく、日本語でカトリック思想を思索して語ろうとした岩下壮一の姿勢と努力から、今の教会は学ぶべきことがあるのではないかと思います。私たちは岩下壮一を正しく評価することが、未だにできないでいるのかもしれません。

なお、岩下壮一が悲願とした「第四階級」からの脱却は、戦後、島尾敏雄、遠藤周作、曽野綾子、三浦朱門、田中澄江、矢代誠一、加賀乙彦、井上ひさし、高橋たか子など一群のカトリック作家の登場によって達成されたとみてよいのではないかと思います。

# 14　神社参拝問題

## 「国家の宗祀」としての神社

明治政府は一八七一年五月に太政官布告により、神社を「国家の宗祀《そうし》」と規定しました。その後、8章で述べたように「宗教」という概念が確立していく中で、「宗教」がキリスト教のような創唱宗教（一人もしくは複数の創始者が特定の教義を唱え、それを信じる人々がいる宗教）を基準として考えられたため、神道は宗教ではないという考えが強くなりました。いわゆる、神社非宗教論です。そして以後、この考え方に基く宗教政策が行われるようになりました。一八八二年一月に内務省から出された、神社と神職は葬儀のような「宗教」行為に関わるべきではないとする通達などは、そうした考えを示す一例です。

さらに、一九〇〇年に、内務省社寺局が宗教局と神社局に分かれました。この分離の直接的な要因は、それまでの社寺局の体制では増加の一途をたどる神社・宗教両方の事務・行政をこなしきれないという事情や、一八九九年に施行された改正条約によってキリスト教が公許されたため、従来の社寺局の名称を変える必要性が生じたことなどでした。しかし同時にこれは神社側の運動の結果でもありました。

明治政府は、一八六八年の神仏判然令によって神仏習合の慣習を禁止し、寺院と神社を分離させるとともに、一八七一年には全国の神社に対して社格を定める制度を導入しました。これにより、全国に一九万社以上あった神社は官社（官幣社・国幣社）とそれ以外に分けられました。そして政府は、全神社の〇・一パーセントしか占めない官社（鹿島神宮や熱田神宮など）と、靖国神社のような別格官幣社、および社格外として特別扱いの伊勢神宮だけに国費を支給するとしました。

ところが、一八八七年に政府はこの方針を転換して伊勢神宮以外のすべての神社を国家から切り離すこととし、官社に対し「独立自営」を求めました。これに猛反発した神社界は全国組織を立ち上げ、一八九〇年に神祇官《じんぎかん》設置運動を始めます。この運動の目的は、神祇官を設置させ、その神祇官が神社と天皇の祭祀を管轄することで、宮中祭祀を宮中から「解放」し、その「解放」された祭祀と神社を結びつけることで神社の地位を向上させることでした。

結果として、神祇官設置運動は、一九〇六年、官社への国庫支出を法制化させた上に、官社以外の一部の神社にも神饌幣帛料《しんせんへいはくりょう》を供進する制度の創設に成功します。これにより、国家と神社の関係は切断から強化の方向へと一八〇度転換し、両者の関係は急速に深まりました。例えば、一九〇七年に行われた刑法改正において、伊勢神宮は天皇陵と同列とされ、神宮への不敬は皇室への不敬とされました。そして次第に、皇室と真に関係がある伊勢神宮のような一部の神社のみならず、すべての神社が天皇と特別に深く結びついているのだとみなされるようになっていきました。

さらに一九一三年には、それまで大日本帝国憲法で確実に「国家の宗祀」に含まれるのは伊勢神宮だけとされていたのが、全国津々浦々の村の神社に至るまであらゆる神社が「国家の宗祀」であると法的に位置づけられるに到りました。この政府による宣言は、それまで国家とのつながりが希薄であった村々の鎮守社のような各地方の神社の神職たちに、強烈な国家的自覚を抱かせることになります。

また、一九一〇年代初頭から、政府内で国民道徳の涵養《かんよう》とあわせて神社崇敬の奨励が頻繁に語られるようになっていて、「神社は我が国体と表裏一体」と言われるようになり、地域社会や人々の生活を神社と密接に関係づけようとする「神社中心主義」が強力に推進され始めました。

教育現場では、学校長や教員に対して、文部省が児童・生徒を地元神社に参拝させるようにと強く指導し、昭和期になると、学校教育において神社参拝は重要事項となり、祈年祭《きねん》、新嘗祭《にいなめ》、例祭、そして入学・卒業式の際に神社参拝を行うことが通常となりました。また、生徒たちがしばしば神社清掃を行うことも通例化し、清掃が終われば神社参拝を行うことも当たり前となっていきました。

さらに、市町村、特に町村民の日常生活においても、軍隊への入退営の奉告祭を神社で実施したり、神社境内で農産物品評会を開催したりと、町村民の政治・経済・軍隊に関係するさまざまな活動が神社と結びつけられていき、誰もが神社に参拝することが当然とされるようになりました。

そして、一九一九年に内務省が始めた民力涵養運動では、「神社中心主義」に基づき、神社崇敬と神社そのものが「国民道徳の淵源《えんげん》」と位置づけられ、神宮・神社への参拝強制が行われるようになります。

### 神社参拝に対するカトリック教会の方針

こうした神社参拝奨励・強制の動きに、カトリック教会は敏感に反応しました。教会の公教要理では、第一戒の解説として、神社参拝は「迷信行為」と断言されていたからです。この「迷信」は、「偽神仏陀《かみほとけ》を信じ、偶像を拝み、寺、宮へ詣で、之に寄進し、仏壇・神棚を設け、香花《こうばな》を供え」、お守りや占い、呪《まじな》いなどを信じることと規定されていました。よって「迷信」である神社参拝は、カトリック信徒が断固として拒否すべきことだったのです。

また、日本では、十戒に加えて、中国の典礼問題（神を表す語として「天」「上帝」は使用可能か、中国人信徒たちが「典礼」すなわち天を祀る儀式や孔子崇拝・祖先崇拝の儀式に出席してもよいかをめぐり、容認するイエズス会と否認するドミニコ会やパリ外国宣教会の間で起きた論争）に対して出された教皇勅書『エクス・イルラ・ディエ』（およびそれを再確認する一七四二年に出た教皇勅書『エクス・クオ・シンギュラリ』）が、神道や仏教を「迷信」として断乎拒否する態度の源泉として機能していました。というのは、『エクス・イルラ・ディエ』（『エクス・クオ・シンギュラリ』）は、中国およびその周辺諸国に行く宣教師に対して、宣教地における異教の儀式・儀礼には一切参加しないことを宣誓する義務を課しており、来日するパリ外国宣教会の宣教師たちはその宣誓を忠実に行っていたからです。

　こうして、一九一〇年代から二〇年代にかけて、長崎司教や函館司教による神社参拝に関する見解が表明され、『声』も繰り返し神社崇敬の奨励に反対する内容の記事を掲載しましたが、それらの声明や記事は概ね以下のような主張を含んでいました。

（一）　祝詞《のりと》やお祓いをはじめとする神事や、守り札や護符などの配布といった神社の実質的内容、および超自然的な存在として崇敬されている神が祀られる神社への「参拝」という行為自体からみて、神社は宗教とみなすべきである（神社宗教論）。

（二）　そうであるならば、十戒の第一戒に創造主なる神以外のものを拝んではならないとあるから、カトリック信徒が他宗教である神社において祈ることはできない。

（三）　学校における神社での祭式参加への強制や、伊勢大麻（伊勢神宮の神札《おふだ》）の強制配布などは、信教の自由を謳《うた》う大日本帝国憲法第二八条に違反する。

こうした教会の見解に基づき、カトリック信徒は神社参拝を拒み、また拒むことを教会から求められました。『声』にも、教員、軍人、警察官、学校生徒といった、神社参拝や神棚への拝礼を求められる職務・立場にある人々に対して、どうすべきかが繰り返し記されていますが、そこには、参拝を強制する相手には決して屈せず毅然として闘え、職を辞してでも拝礼・参拝はしてはならない、といった厳格な要求が述べられていました。

また、一九二九年の式年遷宮に際しては、駐日教皇庁使節のジャルディーニ大司教とシャンボン東京大司教が連名で、全国の信徒たちに伊勢神宮や神社への参拝はしないよう指示を出しています。この時、文部省は伊勢神宮で行われる神体遷御にあわせた遥拝（遠くへだたった場所から拝むこと）の作法を示し、全国の学校に当該日には適切な儀式を行うよう求めていましたから、教会指導者からの指示は政府の意向に真っ向から逆らうものでした（実際その指示に従ったマリア会経営の諸学校は強い批判を浴びた）。

以上のように、カトリック教会は神社参拝に対して、神社宗教論と十戒の第一戒、そして大日本帝国憲法第二八条に基づき、反対の立場を鮮明に打ち出していました。しかし、その立場を揺るがす事件が起こります。

### 上智大学靖国神社参拝拒否事件

一九三二年五月五日、当時、上智大学に軍事教練の担当として配属されていた北原一視《ひとみ》大佐は、予科二年生六〇人を靖国神社に引率しました。しかし、その直前、その中のカトリック学生数名はホフマン学長に相談に行き、「カトリック信者としてそこへは行かないほうがよい」との返答を得ていたため、靖国神社での参拝をしませんでした。

これを問題視した北原大佐は、同月七日にホフマン学長とこの問題について話し合いましたが、学長はカトリック信者が「誤れる宗教たる神社に参拝するが如きは不可なり」と、当時のカトリック教会の見解を主張しました。

ところが、六月一四日の新校舎落成式の最中に、文部省からホフマン学長に陸軍省が配属将校の引き揚げを検討中との連絡が入りました。当時、学校にとって配属将校の存在は社会的信用を得るために欠かせないもので、在学中に軍事教練を受けた証明書のない者は就職が難しいとされていました。配属将校の引き揚げは、やっと日本社会に地位を築き始めた唯一のカトリック高等教育機関である上智大学にとって致命的です。

驚いた大学側は、新校舎祝別のため落成式に出席していたロス広島司教（イエズス会）と相談し、ロス司教はシャンボン東京大司教にこの件を報告しました。そして、ロス司教は、深刻な理由がある場合、純粋に受動的に信者が参与する限りにおいて冒とく・迷信として禁じられた行為も許容されるとする教会法（一九一七年制定の旧教会法）第一二五八条を引いて、神社参拝にこの受動的参列の考え方が適用できるのでは、と提案しました。

一方、シャンボン大司教は九月二二日付で、鳩山一郎文部大臣宛に神社参拝を要求する理由を照会する書簡を送りました。これに対し文部省は、文部次官の名で九月三〇日に回答しました（これについては後述）。

ところが、翌一〇月一日にこの事件は思いがけない展開を見せました。突如、『報知新聞』が五カ月も前の上智大学生の行動を非難する記事を載せたのです。つづいて一四日に、『読売新聞』が陸軍は配属将校を上智大学からの引き揚げを決定したと報道しました。上智大学は新聞広告を出して事実と異なると反論しましたが、陸軍省は本当に、一二月七日に転任の名目で北原大佐を引き揚げてしまいました。

これにより、上智大学では学生の退学が相つぎ、卒業生には就職口がないという噂が流れ、入学者も激減して、大学は存亡の危機に瀕《ひん》します。結局、苦境に立たされた大学は「すべての学生は国民としての忠誠を示すために神社に参拝すること」「国家の祝日には大学内で一層盛大に祝賀式典を行うこと」などの条件を呑《の》み、一九三三年一二月二一日に新たな配属将校が任命されて、この事件は落着しました。

### 神社参拝容認への転換

一九三二年の九月以降、カトリック教会の神社参拝に関する方針は大きく転換しました。その直接的な第一歩が、先に触れた九月二二日の文部省宛のシャンボン書簡と、それに対する文部省の回答です。

シャンボン書簡は、まず、国が「学生生徒児童」（小学校から大学まで）に神社参拝を要求する理由は「愛国心に関するもの」で「宗教に関するもの」ではないと思うと述べ、教会が得たい神社参拝の定義を示しました。ついで、神社参拝の際に「敬礼」を求められる理由は、ただ「愛国的意義」からで、少しも「宗教的意義」からではないことを明らかにしてくれれば、神社参拝は容易になると要望を出しましたが、ここで大司教は、宗教的要素が弱く、世俗的な意味に限定した解釈がやり易い「敬礼」に話を限っています。

これに対して文部省は、「学生生徒児童等」を神社に参拝させるのは、「教育上の理由に基づくもの」で、要求されている「敬礼は愛国心と忠誠とを現すものに外ならず」と述べ、敬礼を求める理由は「愛国的意義」からと回答しました。文部省も教会に歩調を合わせて「敬礼」に問題を限定し、基本的にはシャンボン大司教が求めた神社参拝の定義に沿った返答をしたのです。ただし、教会が「宗教的意義」はないと明言してほしいと求めたことに対しては、何も答えませんでしたが、それには背景があります。

一九世紀末に登場した宗教学は、それまでの宗教概念を批判して、個人の内面を重視し、内的な信仰を鍵として宗教を考えるべきと主張しました。その結果、日本社会の中でも、次第にその主張が浸透し、神社への心情は信仰であり神社も宗教ではないか、という考えが強くなりました。そして、政府が堅持する神社非宗教論の妥当性をめぐって、政府の審議会においてすら何度も議論されるようになりました。

これに対し、政府は神社非宗教論を固持ししつつも内務省に宗教を扱う「宗教局」と宗教ではないとする神社を扱う「神社局」を設置する（一九〇〇年）といった、制度的、間接的な方法でしか神社非宗教論を示そうとせず、敗戦に至るまで、遂に一度も「神社は宗教ではない」と公式に定義することはしませんでした。この文脈から推測するに、教会の問いに答えることは神社非宗教論を語ることになるため、文部省も意図的に回答を避けたのでしょう。

シャンボン大司教は、文部省からの回答に基づき、一一月上旬に教区の司祭たちに書簡を送り、神社参拝は「いろいろな要素がからんでいる案件」だが、「重大な理由がある場合には消極的参加と敬礼」は許容されるべきで、司祭たちは両親や生徒に対して「生徒が団体で神社へ引率される場合には敬礼してよい」と教えるように通達しました。

そして、同年一二月、田口芳五郎神父（のち大阪大司教・枢機卿）の執筆になる『カトリック的国家観――神社参拝問題を繞《めぐ》りて』が出版されました。この本の中で田口神父は、教会法第一二五八条、シャンボン書簡、それへの文部省回答の三つに基づき、「学生生徒児童」が学校教育の一環として神社に参拝し「敬礼」を行うことは「愛国的行為」で、「宗教的意味」はまったくないと記しました。

『日本カトリック新聞』はこの本を、「東京大司教自らの指導」によって田口神父が書いたので、これは「カトリック教会の公的声明書」と言って差し支えないと述べていますから（ただし、後日この言葉を「撤回する」と訂正）、これを教育現場における神社参拝の「敬礼」に関する、日本カトリック教会の公的な方針とみていいでしょう。

そして、一九三三年一二月に新たに駐日教皇庁使節としてマレラ大司教（名義大司教）が来日しました。彼の日本での任務の中には、教皇ベネディクト一五世が一九一九年に出した使徒的書簡『マクシムム・イルド』の精神の日本における促進がありました。『マクシムム・イルド』は現地人聖職者の創出に力を発揮し、かつ、現地文化尊重への扉を開いた教皇文書です。また、マレラ自身、中国で現地文化適応を行ったマテオ・リッチを尊敬し、リッチが行ったような文化適応を行うことを夢見る人物でした。

そんなマレラの目からすると、パリ外国宣教会が『エクス・イルラ・ディエ』（『エクス・クオ・シンギュラリ』）に依拠して日本の宗教を「迷信」だと頭から否定し、頑なに神社参拝を拒む態度は、時代遅れで、現地文化への適応を拒否し、教会を日本社会の中で浮いた存在にして日本での宣教を困難にする行為でしかありませんでした。

一九三五年五月、マレラは布教聖省宛に機密文書として『スマリオ』を送りました。そこには、パリ外国宣教会への手厳しい批判とともに、神社はその起源においては宗教的要素を持っていたが、今日ではそれらは失われ、神社はもはや宗教ではないという神社非宗教論が述べられていました。さらにマレラは、こうした世俗化はここ二〇年ほどの間に起こったもので、日本の進化・発展のスピードは極めて速いため、かつては神社参拝を禁止した教会もこの変化に適応して、非宗教となった神社への参拝を認めるべきで、それは批判されるべきことではないとも主張していました。

この『スマリオ』を参考にしつつ、一九三六年に布教聖省が公布したのが、指針「祖国に対する信者のつとめ」です。この指針は、日本人信者が葬儀や結婚式のような日本社会で普通に行われている私的儀礼への参加を、それが他宗教由来のものであったとしても許可するとともに、神社参拝を容認するものでした。指針は、一八九九年の文部省「訓令第一二号」(学校における宗教教育・儀式の禁止)、シャンボン書簡とそれへの文部省回答に基づき、「神社において通常なされる儀式は……国家当局者によって、単なる愛国心のしるし、すなわち皇室や国の恩人たちに対する尊敬のしるしと見なされて」いるので、これらの儀式は「単なる社会的な意味しか」持っておらず、「カトリック信者がそれに参加し、他の国民と同じように振る舞うことが許される」と結論しています。

教会は、学校行事という枠内での神社参拝における「敬礼」を愛国的（社会的・政治的）なものと文部省が公的に保証したことに基づき、「敬礼」を神社での儀式（祭祀）全般へと拡大解釈しました。そして「国家当局者」がそれらを「社会的」なものに過ぎないと保証したとして、「学生生徒児童」に限らず、全カトリック信徒の神社参拝を可能にしました。これは、一九二〇年に教皇庁が神社参拝問題の研究を行った際、古代ローマ帝国における皇帝崇拝の変遷を踏まえて、政府が神社祭祀は純粋に社会的・政治的意味しかないと公式に宣言すれば、カトリック信者は神社参拝可能という結論を得ていたこととも関連すると思われます。こうして、カトリック教会において神社参拝問題は完全に解決したとされました。

### 布教聖省指針の持つ意味

当時のカトリック教会は、それまでの、キリスト教圏以外の文化や他宗教に対する排他的な姿勢から、『マクシムム・イルド』に示されたように、各文化が持つ「祭式、習慣、慣習」などを尊重する方向に変わりつつありました。そして、一九三六年に布教聖省指針が出たことによって、一九三九年には、孔子や祖先への崇敬は単なる社会的、儀礼的意味を持つだけとして、旧来の中国人カトリック信者に対する孔子や先祖への崇敬禁止を撤回する文書が出され、インドやアフリカでも同様の措置が取られました。微妙な問題を含みつつも、今日のインカルチュレーションや対話の姿勢につながる扉をこの指針が開いたわけで、そこは評価されるべき点です。

他方、この指針が、神社参拝を「宗教的行為」ではなく「愛国的行為」として肯定したことは、愛国心の名の下に、教会が日本国家にからめとられる一要因となったと思われます。天皇・国家と神社が分かち難く結びつく当時の日本社会におけるカトリック教会にとっての「愛国」は、カトリック神学も含めて考えなければならない複雑な問題であるため、次章でも戦争観の問題とも合わせて、もう少し考えてみたいと思います。

## 15　カトリック教会と「忠君愛国」

### 奄美大島でのカトリック排撃

一九三一年九月一八日に満州事変が勃発すると、日本の新聞、ラジオは一斉に、日本の「生命線」である「満蒙」を守るために「暴戻《ぼうれい》」（荒々しく道理に反している）中国と戦う日本軍の奮戦と勝利を褒めたたえ、中国への憎悪と蔑視をあおりたてる報道を競って行いました。

こうしたマスコミの影響を深く受けた日本の人々は、「悪鬼のごとき支那暴兵」と戦う「正義の国」日本の兵士たちへの深い感謝と同情を抱き、日本社会には排外主義、軍国主義の風潮が急激に高まっていきます。この排外・軍国主義の熱狂は、一九三二年一月の上海事変によってさらに高揚し、ついには、出征できなかったことへの悲嘆や、出征を己の死をもって激励するという理由で数人の自殺者が出たほどでした。

このような時代の空気の中で、一九三三年から三四年にかけて奄美大島で激しいカトリック排撃運動が起こりました。

奄美大島には一九二三年に陸軍の要塞司令部が完成し、要塞の司令官は奄美大島を「国防第一線」の地と呼んでいました。当時、奄美大島はフランシスコ会カナダ管区の担当となっており、カナダ人宣教師たちが島の宣教・司牧に従事していましたが、要塞司令部は、彼らを英米のスパイではないかと疑いの目を向けていました。実際、一九二六年には、名瀬にあるカトリック系の大島高等女学校校長を務めていたフランシスコ会の米川基神父（日本に帰化したカリキスト・ジェリナ神父の日本名）が要塞の機密地図を入手し国外に持ち出すスパイ行為を働いた、とするスパイ容疑事件が起こっています（まったくの誤解によるもので、結果は容疑不十分で起訴猶予）。

大島高等女学校

その米川校長のもとにあった大島高等女学校（以下、大島高女）は、名瀬の有志たちが一九二二年に奄美を視察に訪れたフランシスコ会鹿児島地区長ベルタン神父に対して、高等女学校の設立を要請したことに応じて一九二四年に開校された四年制の女学校で、教育を担当したのはカナダから来日した無原罪聖母宣教女会の修道女たちでした。開校の翌年、鉄筋コンクリート造りの二階建ての「自立の殿堂」と言われた校舎が完成しました。

一九二七年に昭和天皇が奄美大島を訪問すると、それをきっかけに島では無批判な「本土化」が促進され、その一環として、島の各学校に御真影を安置する奉安殿が次々と作られていきました。ところがその流れに逆らうかのように、大島高女は奉安殿を作りませんでした。なぜなら公立と異なり私立学校は御真影を「奉戴」するためには申請する必要がありましたが、大島高女は申請せず、御真影がなかったからです。

また、14章で触れた一九二九年の式年遷宮の際、大島高女はジャルディーニとシャンボンの指示に従い、休校措置をとり遥拝式を挙行しなかったため、地元の新聞から強い批判を浴びせられました。さらに同年一一月に行われた連合運動会の閉会式でも、皇居遥拝の前に大島高女の生徒たちだけは早退し、遥拝に加わらなかったという事件が起きました（早退の理由は大島高女の教員の母親の葬儀に生徒たちが参加するためであったが、曲解された）。

こうした一連の大島高女の姿勢や行動は強い批判を招き、地元の有志たちは糾弾会を開いて県当局に同校に対する処分を要求することを決議し、結局、一九三〇年に米川校長は、遥拝式を行わなかった責任を問われ、県によって罷免されてしまいました。

この頃になると、大島高女の生徒たちは通学時に「スパイの学校に行く」とはやし立てられ、無原罪聖母宣教女会の修道女たちもスパイ視されるなどの扱いを受けるようになり、外国人司祭・修道女とカトリック教会への反感は日に日に高まっていきました。

そこに満州事変が起こり、カトリックへの視線が一段と厳しくなる状況下で、大島高女とカトリックへの排撃運動が起こったのです。全国紙・地方紙の新聞記者たちはカトリック排撃運動のための記者連盟を結成し、新聞紙上で大島高女をさかんに攻撃しました。そして、一九三三年八月二五日に名瀬町民大会で大島高女の廃校が決議され、同年九月一三日には名瀬町の議会も廃校を決議しました。こうした圧力を受けて、一九三四年三月に大島高女は廃校となったのでした。

そして、大島高女が廃校になった同年同月、新たに要塞司令部に赴任してきた角和《かくわ》善助少佐および笠《りゅう》蔵次大佐（司令官）は、奄美の「カトリック征伐」を宣言しました。彼らは奄美各地で「国防思想普及講演」と銘打った「講演会」をして回りましたが、その「講演会」で笠大佐は信者たちに対し「棄教するか殉教するか二つのうち一つをとれ」と恫喝し、角和少佐は、自分は東京で「天皇陛下に単独拝謁仰せつかり、カトリック征伐」の「内命を拝受」してきたとうそぶき、カトリック征伐を「徹底的に断行」すると脅しました。

彼らは、「講演会」を通して信者たちに圧力をかけて「転宗届」を出させ、あるいは、大熊地区（現・奄美市名瀬大字大熊）の事例のように、信者を囲いの中に集めて、その場で棄教すると言えば囲いから出すという方法で、笠大佐がその報告書で「全『カ』信者は転宗転向」と書くほどに、多数の信者たちを強制的に棄教させました。また、信者宅や教会にあった十字架や聖画、ロザリオ、祈祷書なども強制的に没収しました。

こうして、一九三四年一二月一二日、奄美に留まっていた最後のカナダ人宣教師二人が追放されて島を離れると、一九四七年九月にフランシスコ・カプチン会の司祭二名が来島するまで、奄美の教会は司祭不在となりました。二十世紀にあって、あたかもかつての潜伏キリシタンのような状況に、奄美の信者たちは置かれたのです。

宣教師たちが島を去って二日後、笠大佐たちに煽動された地元の青年たちは秋名教会を襲撃し、三日間にわたって徹底的に教会の建物を破壊し祭壇やキリスト像を井戸に投げ捨てました。また、一九三六年には、閉鎖中の名瀬聖心教会の祭壇が何者かに持ちだされ焼き払われる事件や大笠利教会が放火されて焼失する事件が起こり、三八年には閉鎖された名瀬の聖心教会が役場として使用されるにあたって、尖塔の十字架が切り落とされ、大熊教会も解体されて三方村《みかたそん》役場の庁舎として利用されるなど、奄美の教会は敗戦まで「試練の時代」を耐えることになりました。

### 「全日本教区長共同教書」

こうした事態を受けて、一九三五年四月、全国から集まった司教たち一二人の教会指導者は東京大司教館で会議を開き、駐日教皇庁使節パウロ・マレラ大司教および一二人の連名で「全日本教区長共同教書」(以下、「共同教書」)を発表しました。マレラも含めた全員連名での「共同教書」の発表は異例なことで、ここからも、教会指導者たちが奄美の事件をはじめ日本カトリック教会を取り巻く情勢の厳しさを深く認識し、それに懸命に対応しようとしたことが分かります。

「共同教書」は、前半では「忠君愛国」について語り、「君《きみ》（天皇）に忠なるは国を愛すること」であり「国を愛するは君に忠となる」のであり、この非常時に「皇室中心主義の精華を天《てん》壌《じょう》と倶《とも》に窮《きわまり》無く愈々《いよいよ》輝き弥《わた》らしむる」ように奮起することが、カトリック信者として「真《まこと》の日本カトリック教徒の道を践《ふ》み行うことに他ならない」と述べました。そして、カトリック信者がいかに愛国心に満ちているかを、ジャンヌ・ダルクや第一次世界大戦で活躍したフォッシュ元帥、ペタン将軍といった具体的な名前を挙げつつ力説し、カトリック信者は自然法と神法に従って「君の為、国の為に、誠心誠意」を尽くし、「一旦緩急あらば、二つと無き命」さえも喜び勇んで「君国の為に献」げるのだと断言しました。

一方、後半では、奄美大島で問題となった外国人宣教師問題を取り上げ、宣教師たちはその生国《しょうごく》（出生地）とは政治的、経済的、軍事的にまったく関係なく、ひたすら宣教地の人々のことを思う無害な存在であることを強調すると同時に、今後、日本人司祭の輩出に努力し、万一、宣教師たちが去った後も支障がないように準備と覚悟をせよ、と日本人信者たちに訴えました。

そして最後に、「日本カトリック教徒の愛国の至情」の表現として、軍に飛行機の献納を行いたいとして、その協力を要請しています（飛行機は、一九三六年に「カトリック愛国飛行機」として、陸軍に献納。この他、長崎教区でカトリック信者への「誤解を解消」するためとして「愛国飛行機二台の献納運動」が起こるなど、教会はさらに数機を献納した）。

「共同教書」は、その前半においても、またその末尾でも、信徒に対し「忠君愛国の至誠を竭《つく》すに一層の努力」をするよう勧めていました。

## 教会と「忠君」

ここに出てくる「忠君愛国」という言葉は、もともと一八八〇年代の大日本帝国憲法制定のための議論の過程で登場したもので、天皇に忠義を尽くすことが、すなわち国を愛することになるという論理を示しています。天皇と国が同一視され、天皇への忠義と愛国心が直結したことで、前回見たように、天皇と密接に関係する神社への参拝は、単に愛国心の表れに過ぎないという論理が（アクロバティックに）成立しました。

ところで、この「忠君愛国」の論理に、カトリック教会の教えが重なるとどうなるでしょうか。まず、「忠君」から見てみましょう。

まず、大枠として、教会は「ローマの信徒への手紙」13章の1節から7節を中心に、支配者の権威が神から発していること、その支配者への服従は「正義と義務」であり、支配者が「何人たるを問わず、其の正当なる権威を無視」することは「神意に対する背反として不法」で、支配者への服従を拒否するのは、人間のみならず神に対する「大逆」と教えていました（教皇レオ一三世回勅『インモラレ・デイ』)。

さらに、日本カトリック教会はこの教えに加えて、十戒中の第四戒「父母を敬え」を使って、天皇への忠節を教えました。

例えば、一九二七年に教会が出版した『公教要理図解』の第四戒についての解説個所では、実際の父母だけでなく、神の「代理者」である君主を父母として敬い、愛し、忠節を尽くし、君主のために祈らなければならない、という要理内容が述べられた後、より具体的に、「天皇陛下は昔から民の父母と仰がれ、皇統連綿一系を以て帝国を治められ、国家に於《お》ける天主の代理者である」から、天皇を「尊び、愛し、之《これ》がために祈り、忠良なる臣民の義務」を全うすべし、と解説していました。

しかし、教会の愛と忠義の対象となる天皇は、本来、「神国」日本の論理に合わないキリスト教のような「異端」を排除する「価値的主体」であり、大日本帝国憲法によって、西洋社会でキリスト教が果たしている役割を担うべく、「国家の基軸」として神格化された「現人神《あらひとがみ》」でした(2章および8章参照)。さらに、二〇世紀前半には、全国の神社と結びつき、いわば、そこに祀られているすべての神々を従える存在にもなっていました。

このような、「カミ」とされかつ祭司王でもある天皇を、父なる神から立てられた権威として受け入れ、忠義を尽くすことは、同じ十戒の第一戒「わたしのほかに神があってはならない」を信じる教会にとって、大いなる自己矛盾のはずです。しかし、これまで私が見た限りでは、当時の教会はそこに深く悩んだ形跡はなく、天皇への崇敬と忠義を、熱を込めて表明する姿勢が目立ちます。それは日本社会へのアピールという側面もあったかもしれませんが、多くの場合、普通の日本人はほぼ手に取ることのないカトリック教会内部向けの雑誌類に書かれているため、本心からのものとみてよいのではと思います。

この点については、日本政府の方が、唯一神を信じるキリスト教と天皇中心の「国体」(国のあり方)が原理的に相容れないことを明確に認識し、教会への監視、弾圧を強めていました。

カトリック教会の天皇観に関しては研究がなく、今後研究されなければなりませんが、これに関して一つ指摘しておきたいのは、当時の教会にとって、天皇は共産主義との闘いにおいて必要な存在であった、ということです。

それを端的に示すのが、一九三五年にマレラ駐日教皇庁使節が布教聖省長官宛てに書いた『スマリオ』です。この中でマレラは、日本が共産化すれば、ソ連や毛沢東の中国より危険な存在になるとし、天皇中心の「神社神道(=国家神道)」は、西洋化と共産主義から「国を守る試みの一部として理解すべき」であり、教会は「天皇を中心とした国民の統一という偉大な仕事に協働する」ことが大切だと述べていました。

当時の教会にとって、「無神的共産主義」は、「神なるもの」すべてに対し闘いを挑んでくる邪悪な敵であり、「共産主義の策動と闘って之を破壊すること」はキリストから託された任務でした（教皇ピオ一一世回勅『ディヴィニ・レデンプトリス』）。そのため、教会にとって、反共産主義の頼もしい同志であった天皇に忠義を尽くすことは、キリストへの奉仕につながる良きことであったのです（教会の反共産主義については次章参照）。

**教会と「愛国」**

当時のカトリック教会の神学では、国家に代表される公益は個人の利益に優先され、「万一の場合には彼の生命財産をも、国家或は公益に不可欠の人物（例えば、元首）のために捧げることは、彼の道徳的義務」でした（「国家」『カトリック大辞典』第二巻）。そのため、教会は「国家当局への従順と、公益のための犠牲心」を繰り返し信者に勧め、『公教要理』（一九三六年版）で、「国家に対する国民の義務」とは、「愛国の至誠を致し、国憲国法に遵《したが》い、兵役、納税などの義務」を尽くすことだと説きました。

また教会は、神の立てた正当な政府が戦争を決断し、国民に動員をかけたならば、国民には「血を分けた骨肉が、生命を奪合いをする刹那に、祖国宣戦の是非」を「比較……する余裕や手段」はないので、彼らに「戦争の是非を判定する道徳的責任」はなく、ただ「正当なる主権の下にある、忠実なる市民として、国家の命ずるままに、剣を執る義務」だけがある、と教えていました（岩下壮一）。この姿勢は、先に見た「共同教書」にもみることができます。つまり、ひとたび戦争が起これば、その戦争の「是非」は問わずに天皇の命令に応じて戦争に赴くことは、カトリック教会にとって「愛国」の業であり、信者として当然果たすべき義務とみなされていたのです。カトリック教会からすれば、一部の社会主義者やプロテスタント信者のように、反戦主義を唱えたり徴兵を拒否したりすることは、大いなる誤りであり、非愛国的で利己的な振る舞いでしかありませんでした。

このように、日本のカトリック教会にとって、忠義の対象である天皇の政府が行う戦争に従順に従軍することは、「愛国」の重要な要素でした。

ところで、教会の教えによれば、教会は「愛国の物的基礎」として「土地、血統、民族性」を、「精神的基礎」として「共同の言語、文学、芸術、歴史」などを挙げ、こうした基礎の上にある祖国を愛することは「人間自然の情」として、愛国心を肯定しています（田口芳五郎）。

この説明からすれば、教会が言う愛国心は、まさにパトリオティズムです。パトリオティズムは、その中に「パトリ」＝郷土という言葉が含まれているように、「自分のパトリ＝郷土＝国を愛し、その発展を願い、これに奉仕する態度」（海老坂武）といえます。

それなら「忠君愛国」の「愛国」も問題ないようですが、厄介なことに、このパトリオティズムは、しばしばナショナリズムと結びつき、混じり合い、混同されます。

ナショナリズムはよく聞く言葉なのに、その定義となると一筋縄ではいかない概念です。というのは、ナショナリズムには「ネーション」＝国民・民族という言葉が含まれますが、そもそも「ネーション」とは何かについての解釈が論者によってばらばらで、「科学的定義は不可能」（ヒュー・シートン＝ワトソン）と言われるほどだからです。

個人的には「パトリオティズムとは人間仲間を愛すること、ナショナリズムとは他国の人間を憎むこと」（ロマン・ガリ）という定義が好きですが、とりあえずここでは、ナショナリズムを、「権力志向」と切り離せない、国家や組織のために「より強大な権力、より強大な威信」の獲得を目指すもの（ジョージ・オーウェル）で、政治的信念やイデオロギーと関係が深く、自民族中心主義や排外主義と結びつきやすいもの、としておきます（ただし、パトリオティズムも、イデオロギーや自民族中心主義と無縁ではなく、排外に結びつく可能性がある）。

日本で叫ばれた「忠君愛国」では、愛国心の形成論理が天皇への忠義に限定されていました。それ以外のもの、例えば郷土とか、文化とか、「公共の自由に対する愛」（マウリツィオ・ヴィローリ）などに基づいては、愛国心が形成できない仕組みになっていたのです。これは、この「愛国」がパトリオティズムよりナショナリズムに基づくものであることを示唆します。そして、一九三〇年代に急速に軍国主義化していく日本社会で、「愛国」や「愛国心」という言葉も、ナショナリズム的な意味合いを強く帯びていきました。

結局、当時の日本社会で語られる「愛国」、「愛国心」は、単にパトリオティズムを指す言葉ではありませんでした。社会で語られていた「愛国」、「愛国心」には、パトリオティズムとナショナリズムの混同や、他民族への憎悪や自民族の優越をあおったり、夜郎自大な傲慢を増長したりするものがいろいろと含まれていたのです。

教会はそうした言葉の中身への吟味が不十分なまま、教会の教えに基づくつもりで、また、当時の日本人の一員として「愛国」という言葉を使う中で、日本社会の空気に取り込まれ、自らも同調して、その「愛国」の中身がずれていったのではないでしょうか。教会の「忠君愛国」については、もっと研究・考察される必要があります。

# 16　日中戦争と日本カトリック教会

## 日本の教会と反共産主義

一九二〇年代後半から三〇年代前半に日本政府が共産党を徹底的に弾圧したことにより、日本カトリック教会は政府の反共産主義の姿勢に対して感謝と信頼を抱きました。そして、政府の努力のおかげで日本は共産主義の「禍根」を取り除き、「共産主義の毒素に対し……免疫」ができたと評価しました。

ところが、国内における共産主義の脅威が去った後、三〇年代半ばになると、今度は国外での共産主義の脅威が高まったと日本の教会の目には映りました。一九三五年の第七回コミンテルン大会が今後の活動のターゲットの一つとして日本を選択する決議をしたという情報（真偽は不明）、一九三六年六月のフランスでの人民戦線内閣の成立、同年七月に勃発したスペイン内戦（のちにスペイン戦争）、中国大陸での共産主義拡大の動きなどにより、教会は世界では共産主義による危機が高まっていると認識したのです。

一方、一九三五年一〇月に広田三原則（中国に対し、中国における排日運動の取締りと親日路線への切替、満州国の黙認、防共への協力の三つを要求）の提示以降、日本政府は防共概念を外交の目標として使い始め、日本の対中国政策を東アジアでの共産主義浸透を食い止める、すなわち防共のためとして正当化するようになりました。そして、その流れの中で日本は一九三六年一一月にドイツと「日独防共協定」を締結します。

日本の教会は、この協定が持つ「防共」という言葉や協定第一条のコミンテルンに対する防衛といった内容に反応し、「我がカトリック教会も夙《つと》に共産主義の脅威を説いて、その排撃につとめており、帝国政府のこの方針は真に喜ばしきこと」（『日本カトリック新聞』一九三六年一二月六日）と、日本政府の防共方針と教会の反共産主義の一致を歓迎しました。そして、「我等日本国民が大同団結して赤化思想への防衛大運動に参加せんとする折も折、共産思想への強大なる武器であるカトリシズムを有利に活用」（同上）してほしいと望みました。

また、一九三七年三月、教皇ピオ一一世が「キリスト教文明の根底までもなぎたおそうとしている過激で無神的な共産主義」は、人間から自由を奪い、その人格の尊厳を蹂躙し、社会を物質生産以外の使命はないものとして最終的に国家を破壊するものと厳しく断じる回勅『ディヴィニ・レデンプトリス』を出しました。この回勅が出たことで、日本の教会内での共産主義排撃の気運はさらに高まりました。

と同時に、反共産主義活動は、カトリック信者としての信仰実践であるだけではなく、日本人として日本政府の意向に沿った愛国的な活動という二重の意味を持つものとなりました。14章、15章ですでに見たような教会に対する日本社会の風当たりの強さを味わっていた教会にとって、防共は、自らを国体に合致する愛国的存在であることを示すという課題への一つの答えとして、まさに一石二鳥のものとなったわけです。そんな時に起こったのが、日中戦争でした。

**「防共聖戦」としての日中戦争**

一九三七年七月七日に起きた盧溝橋事件の後、日本陸軍内の拡大派、すなわち、これを、強大な兵力で中国に一撃を加えれば中国は簡単に屈服し、懸案だった華北分離（河北・察哈爾《チャハル》・山東・山西・綏遠《すいえん》省の華北五省を日本の支配下に置くために傀儡《かいらい》政権を樹立して、そこを「第二の満州国」にする構想）を解決できるよい機会とみなす一派が、陸軍の主導権を握りました。

この拡大派にひきずられた陸軍中央は華北派兵案を政府に提案し、近衛文麿内閣はそれを承認して華北への派兵を決定します。ただ、陸軍と政府は、戦闘を北京ー天津地域に限定する不拡大方針をとるつもりで、これを「北支事変」と呼びました。ところが、海軍は戦線を華中・華南に拡大しようと、同年八月九日に大山事件（海軍の大山勇夫中尉に中国側を挑発させて故意に「戦死」させ、日本人の中国軍への敵愾心《てきがいしん》を煽った事件）を起こし、これを口実に八月一三日、第二次上海事変を始めました。

これにより不拡大方針は転換され、日本政府は同年八月一五日に「帝国政府声明」を出しました。これが事実上の開戦宣言となり、日本は中国との全面戦争（日中戦争）に突入し、以後戦いは一九四五年八月まで続くことになります。

日中戦争の理由と目的について、「帝国政府声明」は「支那軍の暴戻《ぼうれい》を膺懲《ようちょう》（こらしめ）し以て南京政府の反省を促す」ことと述べ、日本の各新聞もこの戦争を熱狂的に支持しました。しかし、国民の戦争支持熱は、必ずしも満州事変の時のようには盛り上がりませんでした。

一方、日本カトリック教会は、「世界の赤化防止に乗出す昭和十字軍」（『日本カトリック新聞』一九三七年九月二六日）、「極東赤化をめざして狂奔する人類の脅威ボルシェビズムに対する廿世紀の十字軍」（『日本カトリック新聞』一九三七年一〇月一〇日）と、日中戦争は共産主義拡大を防ぐための「十字軍」であり、「支那事変の裏に魔手をのばしている共産主義の策動を粉砕」し「支那赤化を防止」するための「防共の聖戦」（『日本カトリック新聞』一九三七年一一月一四日）であるとして、積極的に支持、協力をしました。

協力の例としては、各小教区で「皇軍の武運長久の祈願祭」を行ったり、「国防資金」や「皇軍慰問資金」などを集めて献金したり、各地で司祭が反共産主義の立場から日中戦争の正しさを宣伝する講演会（「非常時局講演会」「防共カトリック講演会」などと銘打たれていた）などを開催したり、外国人向けに日中戦争は中国の赤化防止のためと説明する英語の講演会や海外向けのフランス語ラジオ放送を行ったり等々がありました。

また、一九三七年秋に、田口芳五郎神父を「カトリック皇軍慰問使」として北支（中国北部）に派遣し、「皇軍将兵」の慰問と北支に住む一五〇万人の中国人カトリック信徒に「防共のため」日本と協力することを説かせ、少し遅れて山本信次郎海軍少将を「カトリック国民使節」の肩書で欧米諸国に送って各国のカトリック信徒に「正義日本」と「防共聖戦」を説かせるなどの宣伝活動を行い、結果的に日本のプロパガンダに加担しました（彼ら以外にもジャーナリストの岡延右衛門も北支派遣軍司令部嘱託として同様の任務についた）。

### 正戦としての日中戦争（一）——自衛戦争

日本の教会は、上智大学内カトリック辞典編纂所編（実質的な著者は小林珍雄）『日本カトリック信徒の支那事変観——日本カトリック信徒より全世界の信徒に与うる書』（以下、『支那事変観』）と題する小冊子を一九三七年一一月に出版しました。この小冊子はカトリック教会の「正戦論」を使いながら、日中戦争が正戦であることを欧米諸国のカトリック信者に訴え、日本を支持するように求める目的で作られたもので、日本語版以外に英語、ドイツ語、フランス語版などが作成され、欧米各国の高位聖職者や教会に送付されました。なお、この小冊子で主張されている内容は、山本信次郎海軍少将が欧米で行っていた講演内容とほぼ重なっており、いわば日本の教会の日中戦争についての公式見解のようなものと言えると思います。

カトリック教会の正戦論は、不正を正すための戦争という「正しい戦争」はあり得るとし、正当な権威が宣戦布告するなら、その戦争の当否を問わずにキリスト教徒は正当に参戦できるという、アウグスティヌスの考えから始まりました。その後、一三世紀にトマス・アクィナスによって正戦の三条件が整えられ、一六世紀になるとスペインのスコラ神学者たちにより、自然法の概念を取り込んだ、非常に緻密な正戦論の理論化が行われました。

しかし、その後数百年間、この近世に確立した正戦論に新たな進展はありませんでした。やっと一九三〇年代になって、第一次世界大戦後の国際連盟の設立や不戦条約の締結などの刺激を受けてヨーロッパの教会内では正戦論をめぐり新たな議論が始まりましたが、そうした議論の内容が日本のカトリック教会の正戦論理解に影響を及ぼした形跡はありません。つまり、日中戦争当時の日本の教会が述べていた正戦論は伝統的な内容でした。

正戦論では、ある戦争が正戦と認められるためには、正当な主権、正当な理由、正当な意図という三条件を満たさなければならないとされています。特に二番目の「正当な理由」は最も重視されました。戦争は他国に危害を及ぼすものであるため、正当な理由なしに行うことは不可能だったからです。従って、『支那事変観』は世界のカトリック信者に向けて、日中戦争が正戦であることを証明するために、「正当な理由」の説明に大半の紙数を割いています。

『支那事変観』が述べる日中戦争の「正当な理由」はいろいろ説明されていますが、煎じ詰めれば、大きく分けて二つありました。

第一の理由は、この戦争は日本が「満蒙」(南満州と東部内蒙古)に保持する「特殊権益」を守るための自衛戦争だから、です。

「特殊権益」とは、主に条約によって認められた、他の国々には同じように適用されることのない日本だけが専有する権利(「特殊権利」)を使って、経済上、政治上、軍事上の施設・経営を行った結果、施設・経営において経済的、政治的発展が生じた状態(「特殊利益」)を指す言葉で、当時盛んに使われていました。具体的には、日露戦争や対華二十一カ条要求に基づいて締結された条約で認められた、南満州鉄道およびその沿線への兵力配備の権限や、南満州での土地商租権=借地権や日本人の居住・往来、営業の自由権の獲得などを指します。これらの「特殊権益」に基づき、南満州鉄道付属地の警備のために駐屯させた軍隊は関東軍となり、獲得された山東省の元ドイツ租借地には多数の日本人が移住し、さまざまな商売営業を始めました。また、租借地における立法・行政・司法に関する統治権は借りている側の日本が行使しました。

これに対し中国側は、これを領土主権の侵害、中国への侵略手段とみて、さまざまな条例を発して対抗し、一九二〇年代終わりには、国権回収運動によって日本の満蒙権益をかなり追い詰めていました。また、日貨（日本製品）排斥運動や排日運動が一〇年代から三〇年代にかけて頻繁に行われていました。

こうした中国の動きに対し日本側は、日本が「満蒙」の地に持っている「特殊権益」は欧米諸国も種々の条約や協定で認めた正当なものなのに、条約に違反する中国の排日運動や日貨排斥運動によって、日本人「居留民」の生命・財産が脅かされている、日本は条約を遵守しているのに、中国は条約を守っていないとして、満州事変を正当化し、また、自国民保護や治安維持のための出兵は自衛権の発動であるという論理で、日中戦争は自衛戦争だと主張しました。これは政府のみならず、当時、一般の人々にも広く受容されていた見解でした。

『支那事変観』は、こうした日本の見解に基づき、日中戦争を「外交手段を以てしては解決し得ざる条約背反又は権益侵害」に対して武力を使って是正しようとする自衛戦争だと述べています。

教会の正戦論では、相手国の重大な「不法行為」により、自国の正当な権益が侵されるといった正義の侵害が行われ、しかも、その正義の侵害が重大なだけでなくモラル的にも問題があり、自国が被った不正義が重大、確実なだけでなく、武力行使以外の方法では補償できない場合、戦争という手段に訴えることは自衛権の行使として肯定され、その場合の戦争は「防御戦争」として正戦とみなされていました。この論理に従って、『支那事変観』は日中戦争を「防御戦争」にあたる自衛戦争だと欧米のカトリック教会に対して主張したのでした。

**正戦としての日中戦争（二）――防共**

第二の理由は、日中戦争が「防共」、すなわち、共産主義の進出に対する防衛のための戦争だから、でした。

『支那事変観』は、中国における共産主義勢力の急速な拡大、「中ソ不可侵条約」（一九三七年七月）締結にみられるような中国とソビエト連邦の接近、国民党と中国共産党の第二次国共合作の成立（一九三七年九月）などにより、日本は中国、ソ連両国の共産主義の脅威に囲まれており、このようなコミンテルン（国際共産主義運動組織）の「世界革命に対」して「日本の自衛権」を行使したのが日中戦争で、「吾等の祖国を共産主義より擁護せんとして干戈《かんか》をとれる帝国政府の態度に滿腔《まんこう》の賛意」を表すと述べ、日中戦争は防共のための戦争だと主張しました。

そして、「カトリック的倫理観」からすれば、「物質的精神的重大利益を不正に侵害」されようとしている国家は、この利益に対する脅威を取り除くために「予防的方法」の使用、つまり、脅威に対する予防として先制攻撃することは自衛権発動と認められるので、日中戦争は「一見攻撃的に見えるかも知れぬが、その実は全く防御的性質のもの」、つまり、共産主義の脅威に対する「防御戦争」にあたり、これは正戦であると主張しました。

さらに、この小冊子は、日中戦争は単に日本一国の防共のための戦争ではなく、いまやアジアの「全住民を併呑せんとする共産主義の赤潮に対して、敢然之を防止排撃し得べき実力と使命とを有する国は、アジアに於て唯日本のみ」である以上、日中戦争はアジアから共産主義を追い出すために日本が行っている「乾坤一擲《けんこんいってき》の一大闘争」であり、全カトリック教会はこれに「共鳴」して日本を支持すべきと訴えました。日本のカトリック教会は、日中戦争を、共産主義拡大を防ぐための「防御戦争」「正戦」とみなしていたため、共産主義を排撃する使命を持つ全世界のカトリック教会は、同じ使命を遂行するために戦っている日本を全面的に支持して当然であると考えたのでした。

このように、日中戦争は防共のための「聖戦」であり「正戦」であるとする日本カトリック教会は、中国での戦線拡大によって大量動員が始まり、三七年の秋に日本人司祭たちも召集されると、「諸師は司祭軍人として日本帝国の為とカトリック教会の為と、二重の重大使命の為に」選ばれた（松下義一神父「人類愛の為に」『声』七四三号）と励まし、「我がカトリック精神が日本魂と如何によく合致するかを証明するため」に「勇ましく征け！」（シャンボン大司教「出征司祭に与う」『声』七四一号）と激励しました。

こうした言説には、戦争に積極的に参加することで、いつまでも教会が日本社会において異端視される状況を打破し、日本国家の一員として認められたいという思いも混じっていたでしょう。

しかし同時に、これらは当時の教会が強固に抱いていた反共産主義から自然に生じたものであり、また、前章でみたように、祖国が行う戦争に従順に従軍するのは愛国の業であるというカトリック神学から導き出されたものでもありました。

# 17　日本天主公教教団

## 日本天主公教教団の成立

日本政府は、一九三八年に国家総動員法や電力国家管理法など一連の法律を制定して、あらゆるものを戦争へと動員する戦時動員体制を作り上げていく中で宗教への管理統制も強め、一九三九年四月に宗教団体法を公布しました。

宗教団体法は「神道教派、仏教宗派」およびキリスト教その他の宗教団体と結社の統制を目的とする法律ですが、表向きの制定理由は各宗教の健全な保護育成でした。

ここで言う「神道教派」とは、天理教や黒住教など神道系新興宗教のことで、宗教ではないとされた神社はこの法律の枠外に置かれており、神社参拝を拒否する者は取り締まられると説明されていました。

しかし、この法律によって、それまで宗教結社扱いだったキリスト教諸教派は宗教団体扱いになり、法人として課税を免除されるなど「神道教派」や「仏教宗派」と同等の特権を獲得したた

土井辰雄大司教（1892–1970）

め、キリスト教界は概ねキリスト教が公認されたと宗教団体法を歓迎し、カトリック教会も宣教に有利になると肯定的でした。

宗教団体法は、教団の設立には、決められた事項を記載した「教団規則」を作成して文部大臣の認可を得る必要があるとし（第三条）、その宗教行為が「安寧秩序を妨げ又は臣民たるの義務に背く」時は、文部大臣がその認可を取り消すことが可能（第一六条）と定めていました。

さらに、一九四〇年四月に宗教団体法が施行されると、文部省宗教局長は教団認可の条件として、次のような内容を発表しました（主なものを列挙）。

（一）財政面における外国ミッションからの独立

（二）外国人宣教師との絶縁

（三）復活教義の除去

（四）皇道思想と一体になる教義の改訂

また、文部省は口頭による行政指導を通じて、外国人は責任ある地位には就けないという点を徹底させました。

これに対しカトリック教会は、まず、(一)については、布教聖省からの財政援助を断り、日本の各修道会、特に教育修道会に教会への経済支援を要請しました。

また、(二)の外国人宣教師との絶縁に関しては、すでにマレラ教皇使節が布教聖省から日本の教区長などを日本人化するようにとの指示を受けていたため、一九四〇年一〇月から一九四一年一月にかけ、教会は全教区長たちの日本人化を一気に進めました。

他方、(三)や(四)に対しては、教会は公教要理を改訂することで応じました。改訂の過程では、文部省検閲官が教義内容から三位一体の削除を求めるなどの多少の軋轢《あつれき》はあったものの、結局、教義内容自体は以前のものとほとんど変わりない公教要理が検閲をパスしました。

そして、一九四一年五月三日にカトリック教会は日本天主公教教団(以下、教団)として認可され、土井辰雄東京大司教(一九三八年司教叙階)が教団トップである教団統理者に、田口芳五郎大阪司教(一九四〇年司教叙階)が教団の事務を担当する総務に就任しました。

こうして、日本および「外地」と呼ばれていた朝鮮、台湾、樺太、南洋諸島(現在のマリアナ諸島、カロリン諸島など)の信徒三一万一四三三人を擁し、教会総数八二八、司祭総数七八〇人を抱える教団が成立しました。

なお、ここで注意したいのは、この教団が大日本帝国内の全教会を統括する存在となり、朝鮮や台湾などにある教会も教団統理者の統制下に入ったという点です。そのため、これら「外地」

の教会でも、先述した教団認可に必要な条件（二）外国人宣教師との絶縁に準じて、教区長は外国人から「日本人」に代えられました。

朝鮮では、一九四二年にラリボー司教（パリ外国宣教会）に代えて盧基南《ノキナム》（当時は創始改名により「岡本鉄治」）神父が京城代牧区の代牧（一九四二年一二月韓国人初の名義司教叙階）となり、同年、大邱代牧区もムセ司教（パリ外国宣教会）から早坂久兵衛《きゅうべい》神父（代牧）に代わり、光州知牧区もマックポリン知牧（聖コロンバン会）から脇田登摩《とま》神父（使徒座管理者）に代わりました。この他、春川知牧区のクィンラン知牧（聖コロンバン会）は一九四二年に辞任後抑留され、平壌代牧区の初代代牧オシェア（メリノール会）の辞任により、四四年に洪龍浩《ホンヨンホ》神父（創始改名後の日本姓は竹岡）が代牧となるなど、「日本人」化が進められました。

また、台湾でも、台湾知牧区（現・高雄教区）のデ・ラ・ホス知牧（ドミニコ会）に代わって、一九四一年に里脇浅次郎神父（戦後に初代鹿児島司教、第七代長崎大司教を歴任。枢機卿）が使徒座管理者になっています。

**「ローマ教皇の支配権」をめぐって**

カトリック教会にとり、宗教団体法によって焦点となったのは、「ローマ教皇の支配権」、つまりローマ教皇と教会の関係性でした。

実際、文部省には、日本（および「外地」）のカトリック教会をローマ教皇から独立させ、日本政府の支配下に置くこと、つまり、今の中華人民共和国における「中国天主教愛国会」のような教会の形にする意図があったようです。そのため文部省は、認可前に教会の責任者たちに出頭を命じ、ローマ教皇から離れるよう圧力をかけました。

一方、カトリック教会側は、一九四〇年四月の文部省宗教局長の要求を聞いた時点で、認可にあたってローマ教皇との関係性が問題となると見て、神学校の教育や公教要理において、また司教などの指名においてローマ教皇への言及を避け、駐日教皇庁使節も単なる日本とバチカンの間の外交関係上の存在とすることとし、ローマからの介入という批判を避けるために「アド・リミナ」（ad limina apostolorum　使徒座定期訪問）、すなわち、各司教が五年ごとにローマに赴き教皇に自教区について報告する義務を司教から免除するなどの対策を取っていました。

田口芳五郎司教（1902–1978）

また、認可獲得のために作成、提出した「教団規則」では、教団トップとなる日本人の教団統理者が、ローマ教皇と関係なく、司教を含む日本国内の教会人事を決定すると規定していました。

認可直前の文部省からの呼び出しにおいては、ローマ教皇から離れた教会はあり得ない、我々は殉教も辞さないと出頭した田口司教が抵抗し、文部省は引き下がったと志村辰弥神父の回想にありますが、実は、規則上での教団はローマ教皇から「断絶」した形になっていました。それは教団の認可獲得のためになされたことで、これに対してローマ教皇庁は沈黙を守り、賛成も反対も表明しませんでした。

ただし、教団のトップとなった土井大司教はローマ教皇の権限を侵害することを望まず、マレラ駐日教皇庁使節と緊密な関係を保ち、教団は実質的にはローマ教皇に従属し続けたため、「中国天主教愛国会」のようにはなりませんでした。

### アジア・太平洋戦争下の教団

一九四一年一二月八日、日本軍は真珠湾を奇襲攻撃するとともに、マレー半島・香港・フィリピンを攻撃し、アジア・太平洋戦争が始まりました。開戦後、日本軍は瞬く間に東南アジア各地を占領下に置き軍政を敷きますが、国民の九割がカトリック信徒であるフィリピン、および住民の七割以上がカトリック信徒であるインドネシアのフローレス島に対しては、占領統治をスムーズに行うために、陸軍が日本人司祭、神学生、信徒からなるカトリック宗教宣撫《せんぶ》班（以下、宣撫班）を編成させ、宗教宣撫を行わせました（期間は一年間）。これに協力を求められた教団は、教団として協力した形にはしたくないと、「信徒の自由意志」という形で人員を募り、フィリピンには一三人、フローレス島を中心にインドネシアには八人を出して軍の要求に応じました（プロテスタント教会も同様に宣撫班を派遣）。

フィリピンにおいて、宣撫班は開戦直後の一九四一年一二月二四日にルソン島に上陸して活動を始め、翌年一月初めにマニラが占領されるとマニラに移り、一般民衆に対する宣撫とともに、フィリピンカトリック教会指導者たちを訪問して、日本への協力を要請しました。

しかし、フィリピン教会トップにあたるマニラ大司教オドハティは日本軍のフィリピン占領を歓迎せず、宣撫班に対しても懐疑的態度を崩しませんでした。そのため、交渉には高位聖職者が必要となり、四二年三月に田口芳五郎大阪司教が宣撫班に合流しました。

マニラに到着した田口司教は、フィリピンカトリック教会に対する日本の政策の立案に尽力します。司教は、当時のフィリピン教会内で白人聖職者が優位を占めフィリピン人聖職者が差別されていた問題を解決するためとして、高位聖職者やカトリック学校の学長・校長などを完全にフィリピン人化する構想をたて、教会財産問題や学校における宗教教育問題など教会に関する問題を解決するために、日本政府とローマ教皇庁が協定（コンコルダート）を結ぶべきと提言しました（結局は実行されず）。

また、フローレス島での宣撫班は、日本の軍政責任者が現地の教会の責任者をオランダ人聖職者たちから宣撫班の日本人聖職者たちに代えようとしたのに対し、それは重大な教会法違反だと説得して、オランダ人聖職者の補助者として働きました。

なお、フィリピンでは、田口司教を含む宣撫班が一年の任務を終えて一九四二年末に帰国すると、入れ替わりに、日本人修道女と女性信徒の合計一九名からなるカトリック女子宗教部隊がフィリピンに送られ、カトリック系学校での日本語教育などに従事しています(一九四四年帰国)。

しかし、日本政府は、一方では宣撫班要員を出すよう求めるなどの戦争協力を要求しつつ、他方では「敵性宗教」として教団を信用することなく、特高による小教区内へのスパイ潜入や司祭・信徒への尾行・監視などを怠りませんでした。

実際、外国人宣教師たちは、特高からスパイの嫌疑をかけられ拘留される体験をし、中にはひどい拷問を受けたパリ外国宣教会のブスケ神父(拷問がもとで死去)やメルシェ神父(ともにパリ外国宣教会)のような宣教師たちもいました。また、造言蜚語罪《ぞうげんひご》(陸軍刑法)で逮捕・起訴された戸田帯刀《たてわき》札幌教区長(使徒座管理者)の例や、新潟県高田教会の「聖書研究会」のメンバー七人と主任司祭のサウエルボルン神父(神言会)が、治安維持法違反の疑いで逮捕・起訴され、四人が有罪判決を受けるといった事例などがありました。

こうした教会が受けた迫害や、不断に厳しい監視状況に置かれていた信徒の苦しみを決して軽んじてはなりませんが、一方、この迫害、苦しみは、教会がキリストの教えに基く抵抗をしたから生じたのではなく、キリスト教をあくまで信用しない日本政府と日本社会によってもたらされたのだという点について、私たちは考える必要があります。

また、先述した、教団認可の際に教会が守ろうとしたのが、ローマ教皇とのつながり、という教会組織の在り方であったという点も、吟味する必要があります。教会にとって、何が妥協、譲歩でき、何が死守されなければならなかったかは、当時の教会の信仰を考える鍵となるからです。

教団認可のために改訂された公教要理の「結言」には、「日本天主公教は皇国の教団であり、日本天主公教の信徒は斉《ひと》しく皇国の臣民であるから」、その教義は「皇国の道に従って」理解しなければならないと記されていました。これは認可を得るための方便としての言葉であったかもしれません。しかし、その後の教団の言動を見ると残念ながら、「日本天主公教の信徒」のアイデンティティが、キリスト者、キリストの弟子、神の子ではなく、「皇国の臣民」になってしまったと思わざるを得ません。

愛国心を疑われ続けた日本カトリック教会は、それを証明しようと努力するうちに、日本社会に満ちていた皇国史観や独善的なナショナリズムの言葉を自らの内に取り込み、まさに「皇国の教団」として、「無神論に立脚せる唯物主義、自由主義、共産主義等を排撃して、八紘為宇《はっこういう》の精神に基く正しき人道主義を確立」（土井大司教「大東亜戦争とカトリック」『声』一九四三年八月号）するための戦争と、自ら位置づけたアジア・太平洋戦争に協力していきました。

原誠は、戦時下のプロテスタント教会を考察する際、「日本のキリスト教の実質、あるいは体力、実力というものが試され、あらわにされた」という視点が必要ではないかと指摘しましたが、戦時下のカトリック教会に対しても、この視点は必要だと思います。私たちが、露わになった戦時下の日本カトリック教会の実力を見つめ、しっかりと向き合うことこそ、結局は当時の教会が通った苦難に対して敬意と誠意を示すことになるのではないでしょうか。

# 18　日本占領期のカトリック教会

### 「神道指令」と政教分離

日本政府は、一九四五年八月一四日にポツダム宣言の受諾を決定し、翌一五日に昭和天皇が戦争終結の「詔書」をラジオ放送（玉音放送）し、これによって日本国民は自国の敗北を知りました。そして、九月二日にアメリカの戦艦ミズーリ号上で降伏文書の調印式が行われ、ここに、日本の犠牲者数が約三一〇万人、中国をはじめとするアジア各地の犠牲者数は二〇〇〇万人ともいわれる、日本が引き起こした悲惨な戦争は終わりを迎えました。

敗戦後、日本はポツダム宣言に基づき、アメリカ、イギリス、ソ連、中国など一一カ国（後に一三カ国）からなる連合国の占領下に置かれました。日本の占領・統治を行う連合国最高司令官総司令部（ＳＣＡＰ。一般的にはＧＨＱと呼ばれた）は、連合国の政策決定機関である極東委員会の下にあるとされましたが、実質的には、ＧＨＱはアメリカ単独で構成され、日本の占領政策はアメリカの意向に沿って行われました。

そのアメリカは、参戦直後の一九四二年から、国務省が戦後の対日基本政策に関する議論を開始し、その基本目的を、（一）日本がアメリカおよび太平洋地域の他の諸国にとって脅威とならないようにすること、（二）日本に他国の権利と国際的義務を尊重する政府を樹立すること、と決定していました。そして、この基本目的を達成するための諸政策の一つに、日本における「宗教的信仰の自由」、すなわち、信教の自由の確立が含まれていました。

この信教の自由は、ポツダム宣言の中に日本で確立されるべきものと述べられ、また、戦争終結後の四五年九月に発された「降伏後における米国の初期対日方針」（以後、「対日方針」）および同年一一月に発された「降伏後の日本固有の軍政に関する基本指令」（以後、「基本指令」）においても、日本で速やかに宣言されるべきものとされていました。

それと同時に、「超国家主義的かつ軍国主義的組織や運動が、宗教の仮面の背後に隠れることは、けっして許されない」（「対日方針」）、「日本の軍国主義的、超国家主義的イデオロギーの宣布および宣伝は、いかなる形態においても禁止され、完全に抑止される」（「基本指令」）とあるように、戦前の非宗教論に基づく神社神道、つまり、ＧＨＱが「国家神道（National Shinto）」と呼んだものの廃絶を考えていました。

国務省は、「極度に好戦的な国家主義儀礼である国家神道」は、軍国主義者が「本来無害で原始的なアニミズムである原始神道（Original Shinto）」に「国家主義的天皇崇拝カルト」を接ぎ木した結果、誕生したと分析し、古神道（Ancient Shinto）や原始神道と「国家神道」を明確に区別しました。そして、日本にある大半の神社は昔からあるもので、厳密な意味で宗教的なものとみなすことができるし、伊勢神宮のような国家主義的なシンボリズムに使われてしまった神社も古代から続く宗教的神社として存続できる、だが、靖国神社のような近代になって創られた国家主義的神社は宗教的な信仰の場として認めることはできないし、日本政府も国家神道は宗教ではないと主張しているので、国家神道とそれに関連する神社は信教の自由に抵触せずに廃止・閉鎖できると考えていました。

こうしたアメリカの方針に則って、一九四五年一二月に「国家神道、神社神道に対する政府の保証、支援、保全、監督並びに弘布の廃止に関する覚悟」、いわゆる「神道指令」が発令されました。この「神道指令」は、国家による神道の後援、支持、保全、管理、布教、そして公的資金による財政的支援を固く禁じ、内務省神祇院などを廃止し、公的な教育施設における神道教育・儀礼を一切禁じ、公人の神社参拝なども禁止して、国家神道の廃絶を目的とするものでした。

と同時に、この「神道指令」を起草した民間情報教育局（ＣＩＥ）の宗教政策担当部署である宗教資源課の課長を務めていたバンス大尉は、「基本指令」や国務省案よりさらに踏み込んだ原則を「神道指令」に書き込んでいました。それは、厳格で普遍的な「政教分離」原則でした。「対日方針」や「基本指令」などで考えられていたのが「特定の宗教団体」と国家の分離、つまり国教制の否定であったのに対し、「神道指令」は、神道と国家といった特定の宗教ではなく、「宗教一般」と国家の分離という原則を打ち出していました。これは、アメリカの宗教政策を現場に適用するにあたり、日本にはさまざまな宗教がある以上、キリスト教も含めたあらゆる宗教団体を平等に扱うためにはこの普遍的な「政教分離」原則を導入する必要があるという、バンス宗教資源課長の判断と創意によるものでした。

**マッカーサーと日本のキリスト教化**

このようにバンスは、信教の自由と政教分離をあくまでも厳格に遵守して、日本にあるすべての宗教団体が平等に扱われ、キリスト教も含めてどんな宗教も優遇されないという原則を打ち立て、自身はそれを貫きました。ところが、この原則を厳守したいバンスを悩ませたのが、連合国軍最高司令官のマッカーサー元帥でした。

マッカーサーは聖公会の熱心な信徒で、「民主主義とキリスト教は一心同体」であり、キリスト教が普及すれば民主主義も根付くという信念を抱いていました。さらに、敗戦によってそれまでの価値観が崩壊し、規範を失った日本人は「精神的空白状態」にあるとみなし、そこをキリスト教で満たさなければ共産主義によって満たされてしまう、とも考えていました。

そこで彼は、日本をキリスト教化することは神から自分に「与えられた使命」と確信し、公然とキリスト教宣教を支援したのです。それは、GHQがいう信教の自由と政教分離の原則に疑念を抱かせる行為であり、バンスの悩みの種となりました。

しかし、マッカーサーは、バンスの懸念をよそに、「どの宗教や信仰も圧迫などされていない。占領軍はキリスト教を布教する権利」を持っており、キリスト教宣教にはあらゆる援助が与えられるべきである、と譲りませんでした。

マッカーサーはさまざまな形でキリスト教を支援しましたが、最も日本の教会に影響を与えたのは、宣教師たちを「特別扱い」として容易に入国させる措置を取らせ、多数の宣教師を来日させたことでしょう。この宣教師の大量来日は、彼の「一千名の宣教師が日本に来れば日本はキリスト教化できる」という信念に基づくものでした。こうして、カトリックだけでも、一九四五年から一九五〇年の間に、司祭・修道士・修道女合わせて一〇八三人が日本にやってきました。

軍令では、宣教師たちは占領軍から特別待遇を受けることを禁じられ、宣教師への援助は必要最低限とされており、実際、GHQ自体はキリスト教宣教支援とは一線を画し、政教分離の原則を堅持しています。しかしながら、マッカーサーを筆頭に、個人的に宣教師たちを支援する占領軍関係者は多数いました。修道会や小教区の記念誌中の占領期に関する記述を見ると、よく占領軍による有形無形の援助が記されています。特に、従軍司祭は積極的に女子修道会をさまざまな形で助けたようです。私が属する援助修道会も原爆で広島の修道院を失いましたが、戦後すぐに、従軍司祭の計らいで、占領軍兵士たちにより無償で仮の家を建ててもらうという恩恵を受けました。

### カトリック復興委員会

一九四五年一〇月に、いわゆる「人権指令」に基づき宗教団体法が廃止されると、カトリック教会は同年一一月に全国臨時教区長会議を上智大学で開き、新たに天主公教教区連盟を設立しました。この教区連盟は、一九四八年にカトリック教区連盟となり、一九五一年の宗教法人法施行に伴って五二年からカトリック中央協議会と改称して、現在に至っています。

教区連盟のトップは戦前からの日本人教区長たちが占めましたが、それ以外のさまざまな事業・組織の長を務めたのは外国人宣教師たちでした。なかでも重要だったのはカトリック復興委員会で、構成メンバーはすべて外国人でした。

この委員会は、教会の復興に必要な資金や物資の獲得・運搬・分配、および、日本政府と連携してララ物資（LARA＝Licensed Agencies for Relief of Asia＝アジア救済連盟から供与された食糧品や医薬品などの救援物資）の運搬や分配を行うことが任務でした。

と同時に、委員会にはもう一つ重要な任務がありました。当時、日本人の教区長が直接にGHQに何かを要請することはできず、要請する際は、必ず駐日教皇庁使節のマレラ大司教を通すと規定されていました。そこで、復興委員会がマレラとGHQの間の連絡を行うこととなり、委員長のビッテル（ピッターとも）神父（イエズス会）が、GHQからマレラの代理として正式に承認されました。そして、この委員会がマレラ教皇庁使節を通して、布教聖省に司祭・修道者の派遣を依頼し、GHQから入国許可を得ていたのです。

### 修道会・宣教会の多数来日と日本の教会

布教聖省の要請を受けて来日した各男子修道会・宣教会は、宣教活動をするにあたって各教区長と委託契約を結びました。当時、教区長たちは人材面でも財政面でも困窮していたため、教区内のある地域を、契約を結んだ修道会・宣教会に委ねたのです。契約の内容を、一九五〇年に来日したミラノ宣教会の例で見ると、会に託された山梨県と佐賀県で行う宣教活動に関する資金や人材を会が調達する代わりに、両県内の必要と思う所に宣教会は小教区を作ることができる、というものでした。つまり、ある地域の宣教を一つの会に、経済・人材面も含めてまるごと委ねる内容であり、どこの会も似たような内容の契約を結んだと思われます。

こうして委託を受けた宣教会・修道会は、託された地域でそれぞれ宣教活動を展開しました。さきほど挙げたミラノ宣教会の場合は、中華人民共和国から追放された宣教師たちが多く来日して、中国宣教モデルを日本に持ち込みました。そのモデルとは、各市に教会を建て、その教会の横に教育もしくは福祉施設を作っていくというものでした。中国では、その施設は病院や学校でしたが、日本では、財政的・人材的理由と、地域社会に認められることを狙って、幼稚園となりました。

会によって違いはありましたが、概ね、来日するや、ゆっくり言葉や文化を学んだり、教区長と宣教についてじっくり相談したりする間もなく、日本社会のこともよく分からぬままに、外国で培われた既成の宣教モデルに基づいて、もしくは、宣教師個々人の能力を最大限に使って宣教活動を展開したというのが実態であったようです。

来日した外国人司祭たちの数は、一九五二年には約七〇〇人にのぼり（中国から追放された宣教師含む）、外国人司祭と邦人司祭の比率は、戦前の二対一を超えて、約四対一となりました。一九六〇年代には外国人司祭の数は一二〇〇人を超えており、このように圧倒的に外国人司祭が多い上に、宣教を委託された地域における宣教会や修道会の独立性が高かったために、外国人司祭と彼らが働いていた各教区との関係は弱く、彼らと邦人教区司祭間の人間関係も希薄でした。その結果、各教区内には教区長が介入しづらい地域が多数生じ、日本には一六教区ではなく、実質上は三八教区あると言われるような状況が出現しました。

日本の教会は、これまでみてきたように、長らくパリ外国宣教会によって宣教が担われていました。教区司祭として、私有財産保持を許されているパリ外国宣教会の宣教師たちは、自身の財産を投じたり、個々人の才覚で寄付金を集めたりして、各自がやるべきだと考える事業を行ったため、それぞれの担当宣教区域は個人経営の事業という印象があったと言われるほど、宣教活動は分散化していました。それが、戦後になって、多数の修道会・宣教会が一挙に来日し委託契約のもとで宣教が行われると、同様の問題がさらに大規模な形で起きたのです。

戦後、日本が最も困難な状況にある時に来日し、救援と宣教に尽力した宣教師たちの働きに対しては、いくら感謝してもしきれません。しかし、多数の司祭・修道者が莫大な資金と共にやってきたことによる弊害、例えば、外国人宣教師への依存体質の増大（中川明）や大局的なヴィジョンを欠いた宣教の「分団（断）化と分散化」（森一弘）などのマイナス点は、日本の教会の弱点でした。

### 日本の教会の急成長

よく知られているように、日本の教会の信徒数は戦後復興期に急増しました。例えば、一九四八年の成人・幼児洗礼者数は、計一万二〇九〇人でしたが、年々受洗者は増加し、ピークとなった一九五二年には成人・幼児洗礼者数は合わせて一万七七八三人でした。こうして、一九四六年には約一一万人だった信徒数は、占領終了時の一九五二年には約二〇万人となり、倍増しました（もっとも、日本宣教に注がれた膨大な人的・経済的投資を考えるならば、それに見合わない乏しい成果とも言える)。

このように、毎年の受洗者数が現在の数倍であった理由は、一つには、敗戦によってそれまでの価値観が覆され、「規範喪失」という日本人の精神的苦しみに教会が応えたこと、もう一つは、ララ物資を配る窓口の一つとして機能したカトリック教会が、当時の人びとが苦しんでいた物質的貧しさ、つまり「窮乏」にも応えたからだと指摘されています。ただし、窮乏期を過ぎると、これら新しい信者の多くが教会から離れてしまったのもまた事実でした。

ところで、信者数が急増したこの時期の教区別の受洗者数を見ると、東京、大阪、横浜、京都、広島に受洗者、特に成人洗礼者が多く、なかでも大阪は成人洗礼だけで毎年二〇〇〇人を超えていました。つまり、東京や大阪といった大都市を中心に、成人になってから改宗した人々が急増したわけです。

戦前の日本のカトリック教会は、全信徒の半分にあたる約六万人が長崎教区に属し、邦人司祭の大半も長崎教区出身で、長崎の影響が非常に強いものでした。ところが、戦後の大都市中心の急成長の結果、日本のカトリック教会の中心は長崎から東京、大阪などに移り、長崎の影響力が相対的に落ちました。また、戦前の教会は幼児洗礼者が過半数を占めていましたが、戦後は成人洗礼者が多数派となる教会となりました。こうした変化が日本の教会にどのような影響を与えたのかについて、今後、検討する必要があるのではないでしょうか。

## 19 第二バチカン公会議前夜の教会

### カトリック教会の反共産主義

第二次世界大戦終結後、次々に東欧諸国がソ連の影響で共産化することに危機感を抱いたアメリカのトルーマン大統領は、一九四七年に「トルーマン・ドクトリン」を出しました。これによりアメリカ政府は、世界的規模の反ソ連・反共産主義政策を明確に打ち出し、反共諸国に軍事援助を行うと共に、同年、「マーシャル・プラン」（国務長官マーシャルによるヨーロッパ経済復興計画）を発表して、ヨーロッパ諸国への経済援助を始めます（ソ連と東欧諸国は不参加）。こうして、アメリカは共産主義への「封じ込め」政策を開始しました。

一九四九年には中華人民共和国が成立し、世界は、アメリカを中心とする自由主義陣営（西側）とソビエト連邦を中心とする社会主義陣営（東側）に二分され、両陣営は核戦力を背景として激しく対立し、冷戦が始まりました。

この冷戦への動きの中で、以前から反共産主義を標榜していたカトリック教会は、新たに共産圏に入ったポーランド、ハンガリー、チェコスロバキア、ルーマニアのトランシルヴァニア地方などの東欧諸国および中国大陸で行われていた教会への迫害、スターリンによる反バチカン宣伝による攻撃、そして、フランス、特にお膝元のイタリアでの共産党の躍進で受けた衝撃などにより、従来の反共産主義の姿勢を一層硬化させました。

例えば、教皇庁は一九四九年に、どんな国においてでも、共産主義者を積極的に支持するカトリック信徒は破門されるという内容の教令を出しています。この、共産主義との平和的共存を一切拒む教会の姿勢は、東西冷戦をさらに激化させていきました。

**教皇ピオ一二世のもとのカトリック教会**

一九四三年に教皇ピオ一二世は、回勅『ミスティキ・コルポリス』を出しました。この回勅は、教会はキリストを頭とし、聖霊によって生かされているものであるという教会論に基づき、一九世紀以来支配的だった「キリストの神秘体としての教会」における一致を強調する神学を示したものです。ただ、問題は、「キリストの体」を「キリストの神秘体」に置き換え、さらに、その「キリストの神秘体としての教会」とカトリック教会は同一だとしたことでした。なぜならこれによって、カトリック教会を神聖視する偏狭な教会理解が生じてしまったからです。

また、教皇は、カトリックの聖書学者に聖書解釈において近代的な方法論の使用を奨励する回勅『ディヴィノ・アフランテ・スピリトゥ』（一九四三年）を出したり、枢機卿団の大半を非イタリア人にして教会を国際化したりするなど、第二バチカン公会議に道を開く重要な改革を行う一方で、一九五〇年に回勅『フマニ・ゲネリス』を出し、教会内の思想の引き締めを行いました。ピオ一二世は、神学とはトマス・アクィナスの神学だと考えており、神学領域での新しい動向には非常に懐疑的でほとんど理解を示しませんでした。そのため、『フマニ・ゲネリス』は、当時の新しい神学的展開に対して強い警告を発し、進歩的とみなされた神学者たちは沈黙を強いられました。この、教職を停止されたり、著作の出版を禁じられたりして沈黙させられた神学者たちの中には、イヴ・コンガール、アンリ・ド・リュバック、カール・ラーナーなど、第二バチカン公会議を神学的に支えることになる重要な人々がいました。

そして、ピオ一二世は、司教に委ねられていた権限に制限を加え、教皇庁にほとんどの権限を集中させて、極端な中央集権化を推し進めた教皇でもありました。そのため、司教たちは、教皇庁は自分たちを、ローマからの命令を単に実行するだけの存在と扱っている、という不満を抱くようになりました。

この教皇のもとで、ピッツァルド枢機卿（在任一九五一－五九年）およびオッタビアーニ枢機卿（同一九五九－六八年）が長を務める検邪聖省（現・信仰教理省）が、教皇庁の聖省中で突出した権力を持つようになり、神学者たちや司教たち、また、教会内のさまざまな新たな動きを圧迫、威圧しました。

このように、ピオ一二世下の一九五〇年代の教会には、教義、司牧、政治社会面において無分別な適応や妥協を行うべからず、という過度の警戒と守りの姿勢から生じた閉塞感が漂っていました。一九五四年に労働司祭（第二次大戦末期に生まれた、労働者として自ら工場や炭鉱に入り、労働者階級に司牧活動を行う司祭）の運動が、彼らがマルクス主義に接近しているという理由で禁止され、苦い失望が広がったことは、当時の教会内の空気を象徴しています。しかし同時に、この状況を打破しなければならないという気運が、静かに高まりつつあった時代でもありました。

## 一九五〇年代の日本カトリック教会

硬直化に苦しむヨーロッパの教会内で、変革への胎動とそれに対する抑圧とがせめぎ合っていた一九五七年の暮れ、カルメル会を退会した井上洋治（一九六〇年に東京教区の司祭として叙階）がフランスから日本に帰ってきました。彼は、帰国直後に体感した日本の教会の雰囲気を、フランスの教会の至る所にあった「このままではいけない、という一種の危機感と現状に対する批判」の気配すら微塵《みじん》も感じられず、「このままではキリスト教は尻つぼみになってしまう」と言っても「みんなぽかんと私のいうことを聞いているといった印象」だった、と後に記しています。

当時の日本の教会も、後述するように問題を抱えており、教会のあり方に疑問や批判がなかったわけではありませんが、五〇年代の日本の教会は、まだ発展の途上にあるという様相が強く、ヨーロッパの教会が抱いていたような教会の現状への危機感は弱かったと思われます。

戦後の日本カトリック教会は、戦前とは打って変わって、教育事業が一大発展を遂げ、五〇年代から六〇年代前半は、その点において明るさと勢いがありました。

戦後、続々と来日した修道会、特に女子修道会の多くは教育に従事し、中・高等教育機関を中心にカトリック系学校が相次いで設立されました。『日本カトリック学校のあゆみ』によれば、一九四六年から一九六二年の間に、小学校が三五校、中学校が六〇校、高等学校七二校、短期大学が一五校、大学が七校、開校・開学しています。基本的に中・高等学校は毎年どこかで新設（高等学校は四七年はなし）され、カトリック系幼稚園の園児も加えると、一九五五年にはカトリック系教育機関で学ぶ園児・生徒・学生数は一〇万人を突破し、その後も増加の一途をたどりました。当時の日本の教会は、この伸びゆくカトリック教育に大きな期待を寄せていました。

また、当時は、カトリック系中・高等学校で多くの生徒が受洗し、「都会の教会はカトリック学校で洗礼を受けた高校生たちで満ちあふれ」（土屋至）ていました。土屋至は、彼が一九六五年に栄光学園（イエズス会を運営母体とする中高一貫校）を卒業した時、彼の学年の約三分の一以上にあたる六十数名が受洗しており、その他の学年も似たようなものであった、と述べています。

また、学校と同様に、この時期に急激に数を増やしたのが小教区の教会で、五〇年代初めと六〇年代初めの教会数を比較すると、ほぼ倍増（正確には一・八九倍）しました。実際、五〇年代の『カトリック新聞』を読むと、しばしば新教会の完成や献堂式に関する記事を目にし、教会の創立にも勢いがありました。

こうした状況の中にいて、ヨーロッパの教会が味わっていたのと同じ危機感や焦燥感を抱けというのは無理でしょう。ただし、当時の日本の教会は、ヨーロッパとは違う種類の問題にぶつかっていました。宣教の行き詰まりです。

## 日本カトリック教会の問題——成人受洗者の減少

日本がサンフランシスコ講和条約によって一九五二年四月に独立を回復した時、日本カトリック教会の受洗者数はピークを迎えました。この年、成人洗礼者数一万二一七八人、幼児洗礼者五六〇六人で、臨終洗礼者も加えると二万人近い人々が洗礼を受けたのです。ところが、この翌年から受洗者数は徐々に低下し始め、宣教が行き詰まっているという思いが、次第に教会の中に拡がっていきました。

事実、一九五六年四月にカトリック雑誌『世紀』は、戦後一〇年ということで「日本におけるカトリシズムのゆき方」と題する座談会を行いましたが、そこでまず提起された問題は、戦後「好調に殖《ふ》えて行った」カトリックが、「聞くところに依ると現在は沈滞状態になっているそう」だが、それは「日本の一般的な変化の速度に対して、カトリックの対応の仕方が立遅れている」からではないかということでした。

この座談会では、戦後の一〇年間、教会は「教会の内面的な組織」（日本人司祭の増加、司祭召命の増加、カトリック家庭の増加など）を作り上げることに力を注ぎ、それはとても上手くいっているという認識が示されると同時に、宣教については、教会はもっと「社会的にならなくちゃならない、もっと日本的にならなくちゃならない」し、一般信徒が信徒の使徒職を自覚して積極的にならなければ、といったことが語られました。とはいえ、いまだ成人洗礼者数一万人台を維持していたためか、この座談会には、まだ楽観的な気分が漂っている印象があります。

しかし、成人受洗者の減少はその後も止まることなく、一九五八年に洗礼者数が九九五二人と一万人を切ると、六一年には八八三八人と八〇〇〇人台になり、一九六九年には六四四五人と六〇〇〇人台になっていました。

また、五〇年代から六〇年代初頭の教区別成人受洗者数の変遷を見ると、いくつかの教区では五〇年代後半から劇的に減り始めており、中でも、大阪教区の凋落《ちょう》には著しいものがありました。大阪は五二年に二四九二人とピークを迎えた後、一九五五年までは二〇〇〇人台を保つものの、五六年に一七九七人に減ると、その後は加速度的に減っていき、六二年には一二四一人にまで減少しました。

当然、大阪教区はこの異変に気づき、一九六一年に田口芳五郎大阪司教は「曲角に来たわれらの布教」（『声』一七〇〇号）と題する文章を発表しました。そこで田口司教は、「国民生活が安定し、危機感がうすれるにつれ、宗教への関心もまた低下」し、共産主義思想の拡がりにより「宗教的無関心、ひいては宗教否定の思想的傾向が生じてきた」ため、宣教は曲がり角を迎えたという認識を示しました。

同じ号に寄稿した里脇浅次郎鹿児島司教も、「布教の不作の原因」は「現代社会の無宗教的構造と現代人の大衆的性格そのもの」から来る（「新しい時代の布教」）とし、教会上層部は、宣教不振の根本原因を宗教に関心を持たない社会のあり方や、共産主義の拡大に求めました。ここには、教会そのものに問題があるという視点はあまり見えません。

一方、『世紀』で何度か掲載された座談会での信徒の発言を見ると、教会が日本の社会から浮いていることを問題視しているのが目を引きます。例えば、「カトリシズムと日本文化の将来」（『世紀』一九五八年四月）では、宣教師たちはヨーロッパでできあがったキリスト教をそのまま持ちこみ、日本人信者も「自分の伝統的精神的生活と対決させる」こともせず、「向こうで出来上ったカトリックですましている」とあります。また、教会が自分の信仰を社会の問題と噛み合わせて考えていないことも指摘されました。

この他、日本人信徒は司祭への批判性に弱く、教会や司祭に叱られるのではと恐れていることも、問題として指摘されています（「座談会——戦後日本の近代化とカトリック者」『世紀』一九五九年一〇月）。そして、複数の座談会において、信徒の積極性の欠如が指摘されていました。こうした聖職者至上主義や信徒の受動的態度などは、当時のカトリック教会全体の問題であり、日本の教会とヨーロッパの教会が共有していた悩みでした。ただ、日本では、これらがすべて宣教不振の要因として語られている点が特徴的です。

こうしてみると、日本の教会には、教会のあり方そのものに問題があるという発想は弱かったと思われます。現代社会から遊離した教会に対する批判があっても、それを教会の危機として痛切に感じていたかどうかは疑問です。つまり、公会議前の日本の教会は、与えられた教会のあり方に対しては疑いを持たずにそのまま受容し、最も悩んでいたことは宣教の行き詰まりであった教会だったということです。それは、日本の教会が、宣教地の教会であり、戦後に受洗した成人受洗者を多数抱えているという意味で、「若い」教会であったがゆえと思われます。

## 20　第二バチカン公会議と日本カトリック教会（一）

### 第二バチカン公会議の準備

一九五八年一〇月二八日の選出時、すでに七六歳であった新教皇ヨハネ二三世は、在位年数の短い「中継ぎ」の教皇とみなされていました。ところが、教皇は在位三カ月にして公会議の開催を発表します。

さらに、教皇は公会議の準備段階で、この公会議の名称は「第二バチカン公会議」であると述べ、一八七〇年に中断されたままの第一バチカン公会議の続きではないことをはっきりさせました。これにより、今度の公会議がまったく新しい公会議であり、公会議の議題はあらゆる問題に対して開かれていることが明確になりました。

教皇は一九五九年五月、「前準備委員会」の設置を発表し、国務長官のタルディーニ枢機卿を委員長に指名しましたが、これは、前教皇のもとで権力を持ち過ぎた検邪聖省（現・信仰教理省）の力を抑えるためでした。「前準備委員会」は、公会議の議題準備のための材料を集めるべく、世界中の司教に公会議で取り上げるべき問題とテーマに関するアンケートを送りました。それに対し、全司教の七七パーセントがアンケートに回答し、日本の司教も一〇人が回答しました。司教からの膨大な回答は、最終的に一九六〇年七月に一一のカテゴリーに分けられ、五四の議題にまとめられました。同時に、準備のために、中央委員会と各議題のための一〇の委員会が設置され、日本からも、一九六〇年三月に枢機卿となった土井辰雄東京大司教が中央準備委員会に、田口芳五郎大阪司教が聖職者及び信者規律準備委員会に、富沢孝彦札幌司教が信徒使徒職準備委員会に、それぞれ委員として出席しています。

一九六二年二月二日、ヨハネ二三世は自発教令『コンシリウム』を出し、第二バチカン公会議の開催日を一〇月一一日とすると発表して準備段階を終わらせました。しかし、この段階で用意された七〇余りの議題は、時代の動きを警戒し、伝統的なカトリック教義を確認するような旧態依然とした内容で、教皇の期待に沿いませんでした。これは、ヨハネ二三世の路線への抵抗勢力となっていた検邪聖省を中心とするローマ教皇庁が準備委員会の主導権を握った結果でした。

また、準備委員会が作成し全世界の司教に送付した七つの作業文書に対し、司教たちは教皇が示す公会議の方向性と食い違っているとして、その内容に満足しませんでした。結局、司教たちが受け入れることができたのは典礼に関する作業文書だけだったため、公会議第一会期の最初の議題は典礼となりました。

## 第二バチカン公会議について（二）――ヨハネ二三世の示した方向性

一九六二年一〇月一一日、日本の司教一四人を含む二五〇〇人以上の司教たちが公会議の開会式に参列しました。その司教たちの中には、鉄のカーテンの向こう側の国々（東ドイツ、ポーランド、ハンガリー、チェコスロヴァキア、ユーゴスラヴィア）からの出席者も含まれ、クラクフ補佐司教であったカルロ・ヴォイティワ（のちの教皇ヨハネ・パウロ二世）の姿もありました。これら共産圏の司教たちが参加できたのは、ヨハネ二三世がトルコのバチカン大使およびソ連大使を通してモスクワを説得したからで、これはカトリック教会の共産圏に対する新たなアプローチの始まりとなりました。

また、この開会式および公会議には、正教会やプロテスタント諸教派からのオブザーバーたちも出席していました（日本からもオブザーバーとしてプロテスタント神学者の有賀鉄太郎および土居真俊《まさとし》が参加）。ヨハネ二三世は当初から、公会議に「別れた信仰共同体を招くこと」を意図しており、これはその実現でした。公会議においては、特に聖公会とルーテル教会からのオブザーバーたちが、『エキュメニズムに関する教令』の作成に重要な貢献をしています。

ヨハネ二三世は第二バチカン公会議が新しい時代の扉を開くことを望み、公会議を「新しい聖霊降臨」として提示しました。また、教皇はこの公会議を「司牧的」な性格のものとし、従来のように、新たな教義を決定し、守るべき新規律を作るのではなく、「教会のわざを通して良き牧者であるキリストを世に証し」（G・アルベリーゴ）できることを望みました。

それは、この公会議の目的が、教会全体の「アジョルナメント＝現代化」（もしくは「今日化」）、つまり、教会自身が現代世界においてキリストの愛を証しできるように刷新と改革を行うことにあって、現代世界を辛辣《しんらつ》に批判し断罪するためではないことを意味しました。J・W・オマリーによれば、この姿勢は第二バチカン公会議全体を貫くものとなり、公会議文書のスタイルに如実に表れています。つまり、それ以前の教会文書の多くが、脅し、威圧、命令、垂直性などに関わる語彙《ごい》と文体で書かれていたのに対し、第二バチカン公会議文書は、祝福、招き、対話、水平性などに連なる語彙と文体で記されたのです。

### 第二バチカン公会議について（二）――公会議の動向とその精神

公会議第一会期（一九六二年一〇－一二月）は、まず作業グループである一〇の委員会の委員選出から始まりました。教皇庁が牛耳る準備委員会は委員の候補者リストを事前に用意し、それを司教たちに提示しましたが、司教側はそれを受動的に受け入れることを避け、自分たちでリストを作成することを望んで選挙の延期を決定しました。これは、公会議の主導権が教皇庁から司教団へ移る重要な第一歩となりました。そして、公会議が進むにつれ、司教たちは「自分たちの足で歩むことを学び」（グラシアス枢機卿・ボンベイ大司教）、司教の役割と責任の自覚を深めていきました。

かくして司教主導で各委員が選出され、日本司教団からは、秘跡委員会委員として田口司教と荒井勝三郎横浜司教が、修道者委員会委員として富沢司教が選ばれました。また、教皇からの指名を受けて、土井大司教が司教委員会の委員になりました。

公会議は典礼の刷新・変革の議論から始まりましたが、会議が進み、司教たちが互いに知り合い、議論と投票を重ねるにつれて、司教団は自然に、教会の刷新・変革を支持する「多数派」と、それに抵抗する「少数派」へと分かれました。この両者の攻防戦は公会議の間中、続くこととなります。

第二会期（一九六三年九－一二月）開始前の一九六三年六月にヨハネ二三世が死去し、公会議の継続が危ぶまれましたが、新たに選出されたパウロ六世は、直ちに公会議継続の意思を明らかにしました。こうして、第二会期で、典礼の原点に立ち返り、すべての信徒の典礼参加を促し、これまで容認されなかった各国語の使用を認め、典礼を大改革させる『典礼憲章』が公布されました。

第二バチカン公会議で出された一六の文書は権威において三つの等級（憲章・教令・宣言）に分けられますが、根本的な方針・原則を提示する『憲章』が、最高の権威を持っています。第二バチカン公会議は、その重みある憲章を、このほかに三つ出しました。第三会期(一九六四年九-一一月)に公布された『教会憲章』、第四会期(一九六五年九-一二月)に公布された『啓示憲章』と『現代世界憲章』です。

『教会憲章』は、それまでの制度的な教会観とは一線を画して、教会を「キリストにおけるいわば秘跡」「神との親密な交わりと全人類一致のしるし、道具」(一項)と位置づけ、教会の本質は「旅する神の民」であるとし、受洗したすべてのキリスト者は神の民であり、キリストの預言者・王・祭司の使命を受け継ぐ者だとしました。この教会の自己理解の転換は、第二バチカン公会議の非常に重要な点です。

次に、公会議の議題中、最も激しい議論を経て可決された『啓示憲章』は、啓示を、救いの歴史における神と人間の間の愛の交わりであり、神が人間を自分の命の交わりに招く出来事であると示した文書でした。また、この憲章は、聖書をカトリック的生活の中心に再び据え直しました。

そして、公会議の最後に出された『現代世界憲章』は、信徒のみならず、現代社会に生きるすべての人々宛てに書かれた画期的な憲章でした。憲章は、これまで信者の魂の世話に限定していた教会の「司牧」の範囲を押し広げ、教会を、「現代の人々の喜びと希望、苦悩と不安」を自らのものとしてそれらと「深く連帯」し(一項)、現代を生きる人々と対話しつつ、現代世界に深く関わるもの、と提示しました。

以上の四つの憲章と、エキュメニズム、信徒使徒職、修道生活の刷新適応といった種々の事柄に関する九つの教令と、教育、信教の自由、キリスト教以外の諸宗教についての三つの宣言によって、第二バチカン公会議の精神は示されました。それは、対話の尊重であり、キリストと聖書を中心とする信仰のあり方への源泉回帰であり、ローマ中心主義、聖職者中心主義からの脱却であり、信徒使徒職への新たな光であり、教会を現代社会に生きるものとする刷新（「現代化」）の精神でした。

こうして、第二バチカン公会議によって、教会はそれまでの閉鎖的で権威主義的なあり方から根本的に変化する道を歩み始めましたが、公会議の受容は容易なことではなく、今もその歩みは続いています。この章ではまず、当時の日本のカトリック教会がこの公会議をどのように受容し、その精神をどう生きようとしたのかを考えるにあたり、時代背景を押さえておきたいと思います。

### 「蒸発信者」——高度経済成長期の教会の問題

一九六〇年代の日本は、後に高度経済成長と呼ばれるようになる、国民総生産（ＧＮＰ）の拡大が毎年平均一〇パーセント以上という、驚異的な成長経済のただ中にいました。この高度経済成長は、一九五〇－五三年の朝鮮戦争特需をきっかけに始まり、その終わりは一九七三年と、世界でもまれなほど長く続いたものでした。それだけにこの出来事は日本社会のさまざまな側面に大きな影響を及ぼし、教会もまた例外ではありませんでした。

この経済成長を支えた労働者たちの中には、「農業基本法」（一九六一年）の影響で離農した農家の人びとと並んで、地方出身の中卒・高卒の青少年労働者が多数含まれていました。彼らは地方から大都市圏に来て就職したので、特に東京・大阪・名古屋の三大都市圏に人口が集中し、一九五五年から七〇年までの一五年間で、三大都市圏では一五〇〇万に及ぶ人口増加が起こりました。そして、この大人口移動はそのまま教会にも反映し、教会内部でも大規模な人口移動が起こります。

特に、東北地方と並んで九州地方から大都市圏へと就職のために移動する若者たちの人数は多く、例えば、一九六五年の長崎県の場合、中卒男子の五五・一パーセントが、女子に至っては七二・四パーセントが県外に就職しています。そして当然その中には多くのカトリック信者が含まれていました。

教会側は、前章で見たように、五〇年代から六〇年代前半にかけて、受洗者数の減少に注意を向けていましたが、この大規模な人口移動が教会にどのような影響を与えているかについては、一九六〇年代半ばまではっきりと認識していませんでした。

しかし、一九六六年に教会は、都会へと移動する信者たちが、そのまま移動先にある教会に来ることなく「蒸発」してしまう、いわゆる「蒸発信者」が過去一年間で五五〇〇人以上いることに気が付きました。

翌六七年には、多数の若者を大都市圏に送りだす側である福岡教区の深堀仙右衛門司教が、これら「移住信者の救霊」が「現時代の教会の最大緊急事」(「深刻化する『国内移住』の信徒問題」『カトリック新聞』一九六七年九月三日)だと述べて、強い危機感を表明し、一九六八年には、これまでの一〇年間で全信者のおよそ一二パーセントにあたる約四万人の信者が「行方不明」「蒸発」していることが明らかになり、「信徒の司牧上まことに重大な事象」(「信者蒸発の問題点(上)」『カトリック新聞』一九六八年一一月一七日)という見解が示されました。そして、この頃には、離郷し都会に就職した青年信者への対応と「蒸発信者」問題は深く関係しているという認識が教会内に生まれていました。

中卒で都会に就職する地方出身者は多数派が行ける高校に行けず、世の中のレジャーブームからも置き去りにされたという強い不遇意識を持っていました。また、それまで地方共同体の中で生きてきた彼らは大都市の中で孤立し、同じような境遇の同世代との連帯を強く求めていました。そして、こうした中卒労働者の叫びに応えたのが、「座談会」という分かち合いの場を提供した創価学会や、「法座」という同様の場を提供した立正佼成会で、どちらも六〇年代に、中卒労働者を中心に急激に信者数を伸ばしています。では、カトリック教会の対応はどうだったのでしょうか。

# 21　第二バチカン公会議と日本カトリック教会（二）

### 教会の「蒸発信者」対策

前章で述べたように、高度経済成長によって大量の信徒が離郷し大都市圏に就職するようになると、教会内には「蒸発信者」という問題が起こりました。そして、教会はこの問題を、「単に『司牧上』に止まらず、日本教会の『体面上』に悪影響をもたらす問題」（「信者蒸発の問題点（上）」）と捉え、対策の必要を強く感じていました。

特に、大都市圏に就職する青少年労働者を最も多く送り出していた長崎教区の危機感は強く、「都会に出稼ぎする信者の子女が居住地の教会に結ばれ、信仰を守るためにどうしたらよいか」が、大きな課題とされました。大量の離郷者により教区人口が減少に転じていた長崎教区にとって、都市に向かった信徒が「蒸発」してしまう事態は座視できることではなかったのです。

そこで、長崎教区は一九六七年に、都会に就職する者の名前・住所リストの作成と、それの転出先教会への伝達、および、集団就職する中卒信者を全員調査して、それぞれの就職先にある教会への連絡を決定しました。

一方、受け入れる側の東京をはじめとする大都市圏側の教会も、移住司教委員会を中心に対策に乗り出しましたが、そこで緊急課題とされたのは、小教区への転出・転入に関する事務手続きの整備でした。つまり、それまでのカトリック教会は、こうした大規模な教区を超えた信徒の移動を基本的に想定しておらず、転出証明の書類や手続きに大きな不備があったのです。そのため、こうした手続きを整備して、まずは不備によって統計から消えていく信徒をなくそうとしたのでした。

ところで、その整備内容の中でいささか驚かされるのは、書類上に記載する氏名や住所はローマ字だけでなく、漢字など日本語でも記入させるという項目です。ローマ字のみの記載では正確な氏名・住所の把握が難しく、転出者の追跡が困難であったがゆえの変更でしたが、これは同時に、それまでの日本での教会運営が、いかに外国人宣教師目線で行われていたかを示しています。

しかし、離郷信徒たちは、単に事務手続きレベルの問題で教会から「蒸発」していたわけではありません。心理的、精神的な障壁も、彼らの足を教会から遠ざけていました。

例えば、長崎からの信徒にとってのそれは、「旧信者」として転入先の教会で高く期待をされるのが嫌だという心理的負担、慣れ親しんだミサや祈りの仕方ではない転入先の教会への違和感、故郷での教会の厳しさが身に染みて、それから「ひと休み」したいという願い、あるいは、言葉、生活環境、習慣などの違いや、自分の生活態度が悪いので教会に近づけないといった思いから来る気後れ、などでした。

ここで興味深いのは、こうした彼らの声を紹介した『カトリック新聞』が、教会に来ない信徒たちの思いを「司祭と教会に対するイメージがわるい」とまとめていることです（「信者蒸発の問題点（上）」）。

言い換えれば、故郷を離れた多くの若い信徒たちにとって、教会は心を開いて安心できる場所ではなかった、ということになります。

前章で指摘したような不遇意識を抱える地方出身の中卒労働者たちがやって来た大都市は、すでに地域共同体が崩壊し、団地に代表されるような核家族化、個人主義化した生き方が主流となりつつある場所でした。つまり、それまで彼らが生きていたムラ社会的な共同体とはかなり異なる、孤立を強いられる状況下に彼らは突如として放り込まれたわけです。宗教社会学者の西山茂は、そうした彼らの状況を「根こぎ」と呼びました。

当時、その「根こぎ」状態にあり、共同体を渇望していた若い労働者たちに対しては、創価学会や立正佼成会、日本共産党の下部組織である「日本民主青年同盟」、雇用者協力型の「若い根っこの会」（東京）や「しゃべろう会」（大阪）といった組織が、「都市における共同体」の提供に成功し、大きく成長していきました。

ところが、「根こぎ」を体験し、孤独に苦しむ若い離郷信徒たちは、教会を自分たちの孤独をいやす共同体とはみなさず、かえって、教会を重荷、居心地のよくない場所と感じて離れようとしたのです。

それに対し、教会も手をこまねいていたわけではありません。特にカトリック青年労働者連盟（略称JOC）は、「同じ仲間の問題」として、地方出身の青少年労働者問題への積極的な取り組みを年間テーマとし、全国のカトリック教会、学校、施設などに手紙を出して、上京してくる青少年労働者について知らせてほしいと依頼し、都会に出て来た彼らに対し、歓迎会を開く、自分たちの方から訪問する、働く青年の集いや離郷青年の会などを毎週もしくは毎月一回開く、ハイキング、種々のレクリエーション、クリスマス・パーティーなどに誘う、といった活動を展開しました。

また、信徒の活動団体である聖ヴィンセンシオ・ア・パウロ会（略称SVP）とレジオ・マリエは、共同企画として、離郷青少年を定期的に、「あたたかく迎えいれ、家庭的な雰囲気のなかでの親しい交わり、くつろぎや談笑の場を」提供する「いこいの家庭」運動を一九六九年頃から始め、いくつかの修道会による「いこいの家」提供や男子寮、女子寮の開設も六〇年代後半から始まりました。これらはまさに、カトリック教会による「都市における共同体」創出の試みでした（活動対象者には、一般の青少年労働者を含む）。

しかし一方で、教会指導層の言動には、「積極的に心を開いて」友人を作れ、各教会にあるアクション団体や青少年グループに「すすんで参加し、協力」すれば、「教会はほんとにあなたのオアシス、救いに」なり、「天国のためにたくさんの善行」を積めるといった要求（「新卒・出郷（転出）する若い信者のみなさんにおねがい」『カトリック新聞』一九六九年三月二日）や、中卒労働者の女性信徒たちが、せっかくの休日の自由時間だから、友人を訪ねたり、編み物や洋裁の稽古をしたりしたいと、ミサの後に急いで帰ることに対し、「そんなことは、週の平日でも余暇をみつけて出来ないことではなかろう」という説教（「長崎を離れた娘たち（下）」『カトリック新聞』一九六六年二月二〇日）などが散見されます。

ここには、彼らに対して、気兼ねなく自分の思いを語り聴く共同体を提供するというよりは、「立派なキリスト教的生活」を送ることを求め、上から教え、指導する教会の姿があります。

しかし、故郷を離れて都会で不安や孤独を味わいながら働いていた青少年信徒たちが求めていたのは、こういう要求や説教よりも、まずは自分の日頃の思いを自由に吐き出せることや、それをそのまま聴いてもらい、互いに支え合う場だったのではないでしょうか。ＪＯＣやＳＶＰ、レジオ・マリエ、あるいは個々の修道会、修道者の奮闘はあったものの、大局的には、日本のカトリック教会は「根こぎ」にされた若者への共同体提供に失敗し、蒸発信者問題も解決できなかったと言わざるを得ません。

## 一九六〇年代後半の教会

第二バチカン公会議終了後の日本カトリック教会が悩んでいたのは、以上見てきたような「蒸発信者」問題だけではありませんでした。急激に進む都市化は、大都市にある教会にも大きな影響を与えていたからです。

例えば、東京の吉祥寺教会では、多数の信徒が毎年のように流入と流出を繰り返す、教会の「旅籠《はたご》」化現象（鈴木範久）と、その結果としての、信徒たちの小教区への所属意識の低下、それに伴う婦人会や青年会など教会活動の低調化、さらには、人的結合が弱いために、教会は冷たい所という不満の醸成、といった問題が起こっていました。

それに加えて、長崎教区を除けば、東京や大阪など都市を中心に信徒を獲得してきたカトリック教会にとって、新たに大都市に流れ込んでくる人々は、いわば「精神的浮動層」に属し、教会に来る予備軍的存在、潜在的な受洗候補者で、従来であれば、都市の人口が増えれば教勢は盛り返すはずでした。ところが、先述したように、彼らは創価学会のような新興宗教には向かっても、教会を訪れることはなく、宣教の不振はもはや誰の目にも明らかでした。

富沢孝彦札幌司教の言葉を借りれば、当時の教会では、「当然増えてよい大都市の信徒数」は伸び悩み、毎年「約五千名の信徒が行くえ不明」となり、「さらにカトリックが果たして日本の社会に浸透しているか、という問題にまで話をすすめると、義理にも成功しているといえない」（「JOC活動に期待す」『カトリック新聞』一九六八年九月八日）という八方塞がり状態にあったのです。

第二バチカン公会議の精神を日本に導入・浸透させる課題を抱える司教団が目の当たりにしていた教会は、激変する社会の中で、自身も大きく変貌しつつ、宣教の行き詰まりに悩み、停滞する教会でした。

**信徒使徒職の再解釈——第二バチカン公会議受容の一側面**

第二バチカン公会議の精神を教会に導入する際、それぞれ置かれている文脈に沿って司教団が公会議の精神を再解釈するということは、各国において行われたことでした。公会議後に、巨大な貧富の差が厳然とある社会に生きるラテンアメリカの教会が貧しい者の側に立つ選択をし、ベトナム戦争のただ中にあったアメリカの司教団がベトナム戦争反対を選択した背景には、公会議精神のそれぞれの歴史的、社会的文脈における再解釈がありました。

同様に、日本の司教団も、これまで述べてきたような教会の状況・文脈に則して公会議精神の再解釈を行った部分があったと考えられます。ここでは、宣教の行き詰まりとの関連で語られた、信徒使徒職について考えてみます。

第二バチカン公会議は、教会共同体において、受洗したすべてのキリスト者は神の民の一員である（『教会憲章』三一項）と、教会内に信徒を積極的に位置づけ、その働きの重要性を説きました。公会議は、「信徒に固有の特質は、世俗に深くかかわっている」（同）ことであり、「信徒に固有の召命は、現世的なことがらに従事し、それらを神に従って秩序づけながら神の国を捜し求めること」（同）と、信徒の使命を定義しています。

それに対し日本の司教団は、この信徒の使命を低迷する日本宣教の打開という視点から再解釈しました。つまり、多くの司教たちが語ったのは、日常生活において「世間的職務に従事し、一般人に常に接している」（田口芳五郎司教）信徒は、世の人々に「信仰への関心を抱かせ、キリストの愛を知らせる」（深堀仙右衛門司教）働きを担う使命がある、ということでした。

信徒の使命は、「そう簡単に司祭を受け入れてくれる社会では」（富沢司教）ない日本において、司祭の入れない所で日々「未信者」に宣教し、「求道者」を教会に連れてくること、として語られたのです。

今や宣教の舞台は日常生活、世俗の生活に移り、主役は信徒になったのだから、「家庭や職場において、親しい人々に、カトリック新聞やその他の読み物をすすめ、クリスマスのような機会に、彼らを教会に案内することなどは、熱意さえあれば、だれにでもできる」（土井辰雄枢機卿）と、信徒は発破をかけられました。

しかし、さまざまな場で繰り返し、信徒の自覚、自主性、熱意の不足が指摘されたことに象徴されるように、大半の信徒は動こうとしませんでした。結局、信徒使徒職は宣教打開の切り札とはならず、宣教はこの後も低迷を続けます。

信徒使徒職を自らの召命と重ねて生き抜いた犬養道子は、その著書『生ける石・信徒神学』(南窓社、一九八四年)において、信徒の使徒職とは「セクラ(世俗)のただ中での教会」としてのものであり、「ちがう分野での、独自の責任を伴う使徒職」(傍点は原文のまま)であって、司教団、司祭、宣教師の「遊撃隊・協力援助軍」ではない、信徒がなすべきは、各自がそれぞれ置かれた場で、「最も真なる意味において『自らのヴォカチオ(引用者注・召命)に徹し、それを日々深めること』である」と述べました。

日本社会も教会も劇的に変化した一九六〇年代後半という文脈において、司教団が、第二バチカン公会議で新たな光を当てられた信徒使徒職を、宣教の起爆剤、司祭の宣教を補う新たな宣教の道具として再解釈したことは、理解できます。

しかしながら、公会議が光を当て、犬養道子が述べたように、信徒は聖職者の助手ではなく、キリストの三職(司祭・王・預言職)を、自らの召命に基づき独自に生きる存在である、という信徒使徒職の本質を、教会が時間をかけて信徒に伝え、養成する機会を失ってしまったことは、その後の日本の教会にとって残念なことであったと思います。

## 22 第二バチカン公会議と日本カトリック教会（三）

### 公会議の日本への影響――いくつかの事例

周知のように、第二バチカン公会議が教会にもたらした変化が最も目に見える形で表れたのは、典礼でした。ミサで使われる言語がラテン語から各国語に切り替えられ、日本でも日本語でミサが行われるようになったのです。

そして、ミサのやり方が大きく変わりました。公会議以前は、祭壇が内陣の壁につけられ、その祭壇の前で信徒に背を向けた司祭がミサをささげる背面式ミサでした。ミサは聖職者のすることで、信徒はミサに列席していてもやることがないため、祈祷書を使って祈ったりロザリオを唱えたりしていました。

しかし、公会議後は、祭壇は信徒の方を向いて置かれ、司祭と信徒が対面してミサをささげる対面式ミサとなり、信徒はミサ中の「応唱、答唱、詩編唱和、交唱、聖歌」その他に行動的であること（『典礼憲章』三〇項）を求められ、先唱や朗読も受け持って能動的にミサに参加するようになりました。

こうした変革は、教会とは主イエス・キリストを中心に食卓を囲む共同体であるという源泉回帰と、『教会憲章』で示された、司祭も信徒も「旅する神の民」であり、同じキリストの祭司職に与《あずか》る者であるという教会理解によってもたらされました。

また、聖書こそが典礼の源泉であることを強調した第二バチカン公会議は、すべてのキリスト信者に「しばしば聖書を読んで『イエス・キリストを知るすばらしさ』（フィリピ三・八）を学ぶように」（『神の啓示に関する教義憲章』二五項）と、聖職者・修道者だけでなく信徒にも聖書を読むことを強く勧めました。公会議以前、教会は信徒が個人的に聖書を読むことをかなり警戒していましたから、信仰の糧として日々聖書に親しむようにと信徒に勧めるのは、まさに大転換でした。

この姿勢の転換が引き金になって日本で生まれたのが、「聖書１００週間」という新しい聖書通読プログラムです。これは、旧約・新約聖書のすべてを１００週間（約三年半）かけ、グループで祈りと分かち合いのうちに読むプログラムで、聖書の通読を通して、信徒の信仰を深めるだけでなく、その信仰に基づいた判断力と行動力を持つ信徒を育てることを目的としています。現在、「聖書１００週間」は日本各地に広まっただけでなく、「聖書１００週間」用のテキストが英語、フランス語、韓国語など各国語に訳されて徐々に世界各地に拡がりつつあります。そういう意味で「聖書１００週間」は、日本の教会から生まれた第二バチカン公会議の実りの一つといえるのではないでしょうか。

これ以外にも、教会一致（エキュメニズム）運動への参加や、各修道会の刷新（修道服から使徒職のあり方まで）など、第二バチカン公会議が出した一六文書によって示された公会議の精神は、あらゆる方面に変革を起こしたと言っても過言ではないほど、大きな影響力を日本のみならず全世界のカトリック教会に与えました。

しかし、これらの公会議文書中で、カトリック教会全体にとって最も挑戦的だった文書は、『現代世界憲章』ではなかったかと思います。

**『現代世界憲章』の影響**

一九六五年一二月、第二バチカン公会議の閉会直前に公布された『現代世界憲章』は、「現代の人々の喜びと希望、苦悩と不安、とくに貧しい人々とすべての苦しんでいる人々のものは、キリストの弟子たちの喜びと希望、苦悩と不安でもある。真に人間的なことがらで、キリストの弟子たちの心に響かないものは何もない」（一項）と述べ、自らを「この世の中に存在し、この世とともに生き、そして行動する教会」（四〇項）として示しました。

そして、「教会に依存し、その使命と結ばれうるかぎり、教会はすべてこれらの制度（註　人類が自らのためにすでに作り出し、またたえず作っている多種多様な制度の中に見出される真実なもの、よいもの、正しいもの（すべて）を進んで援助し促進することを宣言」（四二項）しました。

つまり、教会は、それまでの、現世に否定的、敵対的で、距離を置く姿勢から、現代世界にある望ましい動きに協力し、現世に積極的に関わる方向に転じると言明したのです。

また、憲章の第二部「若干の緊急課題」では、結婚と家庭の尊厳の推進、文化の発展、経済・社会生活、政治共同体の生活、平和の推進と諸民族の共同体の促進が考察されました。

そこでは、経済発展の陰で生じている経済的不均衡は「できるかぎり早く除去するよう懸命に努力すべきである」（六六項）し、「すべてのキリスト信者は、政治共同体における自分に固有の特別な召命を感じとるべきで」あり、「権威と自由、個人の創意と社会全体の結びつきと親密な関係、時宜を得た統一と実り多い多様性をどのように結び合わせるかを行動で示す」（七五項）べきであるといった、経済生活や政治共同体におけるキリスト者の使命が語られていました。

これまでも教会は、教皇レオ一三世の社会回勅『レールム・ノヴァールム』以降、社会問題について語ってきており、その蓄積は社会教説として体系化されていました。しかし、教会が「人類の大部分が今なお苦しんでいる多くの艱《かん》難を考え、また貧しい人々に対する正義とキリストの愛を至るところで奨励するために、普遍教会のある何らかの機関」を設立し、その「任務は、貧しい地域の発展と諸国間の社会正義を推進するようカトリック共同体を激励すること」（九〇項）という望みを表明したのは、新しいことでした。

そして、教皇パウロ六世はこの望みを実現すべく、一九六七年一月に自発教令『カトリカム・クリスティ・エクレジアム』を発して、「教皇庁正義と平和委員会」を設立させ、日本カトリック教会においても一九七〇年五月に「正義と平和司教委員会」が発足しました。この委員会は、一九七四年に、司教団の一致した承認を得ずとも自由に状況を判断して活動できる組織として、「日本カトリック正義と平和協議会」（以後、正平協）に組織変更され、現在に至っています。

正平協は、金大中《キムデジュン》拉致事件（一九七三年八月に、韓国野党の有力政治家であった金大中が東京のホテルから韓国中央情報部によって拉致され、五日後にソウルの自宅前で発見された事件）をきっかけに、七〇年代中葉以降、韓国の民主化闘争を支援する活動を展開するようになり、八〇年代になると、在日外国人の指紋押捺《おうなつ》拒否運動を積極的に支援しました。

また、正平協以外にも、ベトナムからのボートピープル問題対応のために「難民定住カトリック全国対策特別委員会」（一九八二年）、アジア近隣諸国から日本への出稼ぎ労働者、特にフィリピン女性をめぐる社会問題のために「日本カトリック国際協力委員会　滞日アジア人女性を支える会」（一九八三年　現・日本カトリック難民移住移動者委員会）、そして一九八四年には「日本カトリック部落問題委員会」（現・日本カトリック部落差別人権委員会）が誕生するなど、八〇年代に入ると、日本のカトリック教会はさまざまな社会問題に関わるようになりました。

**日本の宣教の二つの方向性**

その一方、七〇年代に入り、成人受洗者数は四〇〇〇人台に落ち込み、日本において宣教が停滞し、事態はさらに深刻になっているという認識は強まっていました。そんな時、一九七四年の福音宣教をテーマとした世界代表司教会議（シノドス）を受けた、教皇パウロ六世による使徒的勧告『福音宣教』（一九七五年）が出たのです。

この勧告の特徴は、宣教の新しいあり方として、文化と社会の「福音化」という概念を打ち出したことでした。福音化とは、教会が神から託されている福音宣教は、まだキリスト教を知らない人々にイエスの福音を告知し信徒を増やすにとどまらず、社会や文化をより福音の精神に適ったものに変容させることだ、という考えです。従来の宣教の目的が、成人受洗者数の増加をはじめ、教会組織の勢力拡張に偏りがちであったのに対し、「福音化」は、教会の制度・組織を超えた次元で、福音の力による全人類の「内的変化」を目指す（『福音宣教』一八項）といった、新たな宣教像を示すものでした。

この福音化という考えに基づき、日本司教団が一九七七年設立した宣教司牧センター（一九八六年、日本カトリック宣教研究所と改称）は、七九年にリーフレット『日本の社会の福音化を目指して』を刊行して、教会自身の福音化と、社会の福音化のために働く教会という宣教の方向性を打ち出しました。

そして、一九八四年、司教協議会は「日本の教会の基本方針と優先課題」と、その「解説」を発表します。この二つの文書は、一方では、福音宣教とは「まだキリストの食卓を囲んでいない人々に信仰の喜びを伝え、より多くの人を洗礼に」導くことだという、従来型の直接宣教論を述べつつ、他方では「福音であるキリストの力によって、あらゆる悪の根源である罪から解放され、社会的偏見、差別、抑圧、搾取を生み出している社会や文化が変革されるよう働くことこそ真の福音宣教」であり、教会は社会の福音化のためにあるとする、社会の福音化路線を掲げていました。

つまり、「日本における福音宣教」について、信者の数を増やすことを主眼とする直接宣教論と、キリストの福音の力で社会を変容させることに力点を置く福音化路線という、二つの、どちらも重要ながら方向性の異なる宣教方針が並列されていたわけです。

そして、この状況下で開かれたのが、福音宣教推進全国会議でした。

**第一回福音宣教推進全国会議の開催**

前記の「日本の教会の基本方針と優先課題」は、福音宣教を行うために「視点を自己の教区、自己の直接属している信仰共同体のみに限ることなく、日本の教会全体を視野に収め、各教区の独自性を保ちつつ、日本の教会全体の、成長のために、共同で責任を負い、共同の作業を展開する」ことを要請していました。つまり、教区の区別や、修道会ごとの枠を超え、「日本の教会」として一丸となって「福音宣教」を行おうと呼びかけたのです。

実は、公会議前の日本カトリック教会は、各教区の独立性が高く一つの日本の教会として足並みが揃っていませんでした。それだけでなく、すでに述べたように、各教区の内部すら、各地区の宣教を担当する宣教会・修道会ごとに分かれ、分散化している状態でした。

ところが、一九六六年に『教会における司教の司牧任務に関する教令』第三章に基づいて、日本カトリック司教協議会が創設され、地方教会として一つの「日本の教会」という自覚を持つように促されました。この「日本の教会」意識は、一九八一年の教皇ヨハネ・パウロ二世の訪日に刺激されてより高まり、次第に信徒の中にも浸透していきました。

そこで、司教協議会は、「日本の教会」が福音宣教という教会の使命を果たすためには、「全国レベルで、司教、司祭、修道会・宣教会の会員、信徒の全員が真に一体となって取り組む協力態勢づくりが急務」(「日本の教会の基本方針と優先課題」)と考え、その手段として、福音宣教推進全国会議（National Incentive Convention for Evangelization = NICE）の設置と、第一回NICE 1（以後ナイス1）を一九八七年に開催することを決定したのでした。

ナイス1開催に先立ち、司教団が先ず行ったことは、日本全国六か所で公聴会を開いて約三〇〇〇人の信徒および司祭、修道者から意見を聞くことでした。これは、現場の声を「聴く、吸い上げる、活かす」試みで、これまで見てきたような教会の姿勢を振り返ると、明治前半の一時期を除けば、日本の近現代教会史上初めて、信徒の生の声に耳を傾け、そこから学ぼうとしたという点において、画期的でした。

その結果、「カトリック信者としての私たち自身の生活と信仰の遊離」、「教会の日本社会からの遊離」という問題が浮かび上がり、ナイス1のテーマは「開かれた教会づくり」となりました。

こうして、一九八七年一一月二〇日から四日間の日程で、京都において、各教区の代表など計二七三人が参加する、第一回会議が開かれました。私はこの時まだ受洗前で、当時の教会の雰囲気を直接には知らないのですが、会議は熱気に溢れ、会議直後に司教団から会議への応答として『ともに喜びをもって生きよう』も出されて、教会内はかなり盛り上がっていたと聞いています。

## ナイス1以後

しかし、ナイス1から二年後に司教団が出した『ともに手をたずさえて』を読むと、ナイス1の後、この会議の正統性への疑念や、教会の「左傾化」、「世俗化」といった批判があったことが分かります。ナイス1をめぐり、教会内に対立が生じたのです。

その原因の考察は私の力量を超えていますが、二つの宣教論（直接宣教と社会の福音化）の並存とその方向性の相違が、ナイス1以後を混乱させた可能性はあると思います。宣教論の違いは教会観の違いにつながり、教会観の違いには、第一バチカン公会議精神と第二バチカン公会議精神の葛藤という側面が絡んでくるからです。

また、ナイス1の会議そのものにおいても、また、それ以降においても、福音化路線が主流になったと言われていますが、教会が社会に関わるとはどういうことか、社会を福音化するとはどういうことかについて、日本のみならずカトリック教会全体として、教会自身まだ発展途上にあり、これらのことについて、もっと深化・成熟していく必要があるように思われます。

『現代世界憲章』と『福音宣教』は、そういう意味で、非常に大きな影響を日本の教会に及ぼしましたし、今も問いを投げかけているといえるでしょう。

# 23　一九九〇年代以後――開かれた教会に向かって

### 外国人労働者の来日

一九八〇年代後半のバブル経済のさなか、まず合法的に多数来日した外国人労働者は、フィリピン人女性たちでした。彼女たちは「興業ビザ」という外国人芸能人向けの特別な在留資格を得て、「歌手」や「ダンサー」といった「エンターテイナー」の職種で来日した人々です。彼女たちの職場は、主に、「フィリピン・パブ」と呼ばれる風俗営業店であり、一九九一年段階でその数は約二万人に達していました。

同じ頃、バブル景気の中で工場や建設現場で働く人員の需要は増え続けましたが、日本人は、いわゆる3K（キツイ、キタナイ、キケン）労働に就くことを避けるようになっていたため、3K労働現場での人手不足は深刻化していました。そこで、この慢性的な人手不足を解消したい経済・産業界は、政府に外国人労働者の導入を求めました。

ところが、政府は外国人労働者の流入を厳しくコントロールしており、外国人が「単純労働」

分野で働くことに制限を課し続けようとしました。そのため外国人労働者を求める企業側と厳格な基準を維持したい入管行政側がせめぎ合った末に、一九八九年、「出入国管理及び難民認定法」が改正（改正入管法）され、一九九〇年から施行されることとなりました。

この改正のポイントは、①在留資格の整理・簡素化、②不法就労助長罪の新設、③日系人の入国規制の緩和、でしたが、カトリック教会に深く関係したのは③でした。これにより、多数のブラジル、ペルーを中心とする南米からの日系人二世・三世が新規労働力として来日するようになったからです。その人数は、一九九三年段階で約二〇万人といわれます。このように急増した日系人労働者たちは、群馬県太田市、静岡県浜松市、愛知県豊田市といった、地方工業都市に集住を始めました。

**外国人労働者とカトリック教会――内なる「開き」**

フィリピン、ブラジル、ペルーといったカトリック国から来日してきた外国人労働者たちの多くはカトリック信者であり、慣れない異国に来てまず慣れ親しんだカトリック教会を探し求める場合が多く、彼らの集住地域にある教会には、多数の外国人信徒が姿を見せるようになりました。

明治以降の日本カトリック教会は、欧米諸国から司祭、修道者たちという、いわば教会を指導する立場の西洋人が来ることには慣れていましたが、一九八〇年代から九〇年代に起こったのは、アジアや南米といった非西洋諸国から大量の一般信徒がやってくるという現象でした。例えば、一九九一年の群馬県の太田教会において、多くの日系ブラジル人が日本語のミサに参加しており、この現状を踏まえて、一九九一年十二月三日に初めてポルトガル語のミサを行ったことが『カトリック新聞』（「滞日外国人と歩む教会へ／彼らのニーズにこたえて」一九九一年一二月一五日）に書かれています。これは、日本人信者にとっても、教会にとっても、新しい体験でした。

もっとも、日本の教会は、すでに一九七〇年代のインドシナ難民の定住化支援を経験し、一九八〇年代には、前述のフィリピン人女性たちの人権を守るための人道的支援に関与しており、外国人支援に関しては、ある程度の経験を積んでいました。

そこで、こうした経験を踏まえて、各地の教会は改正入管法施行と同時に、さまざまな取り組みを始めました。例えば、先に挙げた太田教会では、ミサに来るブラジル人たちのために、日本人信徒たちが教会内部に福祉部を設け、住宅、医療、生活全般にわたって対応し、かつ、教会の敷地内にある保育園で日本語教室を開くといった支援を行っています。同様に、九〇年代初期から、神奈川、静岡、愛知、大阪などの外国人労働者が多い府県でも「聖職者・信徒たちによる支援活動（交流、医療、言語関係など）」が日系ブラジル人をはじめとする外国人向けに行われていました。

また、九〇年代には、教区単位で外国人への司牧と支援を行うセクターも相次いで設置されています。最も早かったのは、一九九〇年四月に東京教区が設置したカトリック東京国際センター（CTIC）ですが、一九九四年には、さいたま教区（当時は浦和教区）でオープンハウスが始まり、同じ頃、名古屋教区では「共の会」が立ち上げられました。

そして、カトリック中央協議会も外国人労働者に対して関心を向け注視しており、一九九三年一月には、日本カトリック司教協議会と社会司教委員会が連名で、メッセージ『国籍を越えた神の国をめざして』を出しています。このメッセージで強調されたのは、滞日外国人労働者は、現代日本社会において、国籍を越えた神の国の到来のしるしとなろうとしている日本の教会の、「キリストにおける兄弟姉妹」であるということでした。

ところで、二〇〇〇年代に入り外国人信徒たちが日本に定住していくにつれて、その信徒総数は日本人信徒総数と拮抗するようになりました。特に、さいたま、横浜、名古屋といった教区では、外国人信徒数が日本人のそれを何倍も上回っているという状況が生まれました。

それに伴い、それぞれの母語によるミサを中核とする共同体が登場・成長していきます。そして、一つの小教区の中に、日本語ミサによる共同体とは別に、スペイン語ミサの共同体やポルトガル語ミサの共同体が併存する、いわば「教会内教会」が出現する状況となりました。

この状況に対し、一九九八年の東京教会管区会議で、札幌、仙台、新潟、さいたま、東京、横浜の六教区の司教たちは、属人教区（地域ではなく、特定の言語を話す人たちの独立した教会）

は作らず、あくまでも一つの教会を目指すということで合意し、同様の方針は、東京教会管区以外の教区でも立てられました。司教団の姿勢は、あくまでも外国人労働者たちを「キリストにおける兄弟姉妹」と見、「一つの教会」として彼らと共存することだったのです。

とはいえ、現実には、同じ教会の建物を使いつつも、ミサの時間が午前に日本語、午後に外国語と分かれ、日本語共同体と外国語共同体の交流はバザーや年に数回の合同ミサなどの行事を除けばあまりないという小教区が数多くある、というのが実態に近いように思われます。

しかし同時に、日本人信徒の高齢化や人数減少のために、外国人信徒がその教会の役員をするなど、両者の関係が交じり合い、密になっている小教区も少数ながらあります。このように、外国人信徒は、単に日本人側が支援する対象ではなく、ともに教会をたてていく存在となってきているのです。

そして、外国人信徒側に「日本の教会」の構成メンバー、担い手としての自覚が迫られ始めている今、日本人信徒側も意識の転換を迫られています。前章で触れたように、日本カトリック教会は一九八〇年代に「日本の教会」としての意識を高めましたが、その時の「日本の教会」は、司祭・修道者は外国人でも信徒はみんな日本人という意味での「日本人の教会」＝「日本」の教会であったと思います。

しかし二一世紀に入り、「日本人の教会」は、司祭・修道者も信徒も外国人と日本人が入り交じる「多国籍、多文化共生の教会」へと姿を変えつつあります。「日本の教会」は今、「日本にある教会」（谷大二）へと変わる過程を歩んでおり、否応なく、内側からの開きに招かれているといえるでしょう。

**日韓司教交流会——外への「開き」**

外国人信徒の存在が日本カトリック教会の「内」を揺さぶり、変革を促しているとすれば、アジアのカトリック教会との関わりも、教会の「外」への開きを促したと言えます。ここでは、その一例として、一九九〇年代に始まった「日韓司教交流会」を取り上げます。

一九九五年二月二五日、日本司教団は、アド・リミナ（五年ごとのローマ訪問）によるローマ滞在中に、四旬節メッセージ『平和への決意——戦後五十年にあたって』を発表し、「人間として、信仰者として、戦争へ向かった過去の歴史についての検証を真剣に行い、真実の認識を深め、悔い改めによる清めの恵みを願いながら、新たな決意のもとに世界平和の実現に挑戦したい」との決意を述べました。一九九六年から始まった日韓司教団の交流はこの決意を土台としています。

日韓司教の交流が始まった時、その名称は「第一回日韓教科書問題懇談会」でした。というのは、ちょうどこの年、日本の中学歴史教科書に「従軍慰安婦」が記載されることが明らかになり、「自由主義史観」を標榜する人々から、そのようなことを教えるのは「自虐的」であるとの強いからです。

反発が生まれて「新しい歴史教科書をつくる会」が結成され、教科書問題に関心が集まっていた

「第一回日韓教科書問題懇談会」に代表者として集った数名の日韓両国の司教たちは、双方が「日韓共通の歴史認識を持つ」ための努力をすること、また、共通の歴史教科書を作成することを確認しました。加えて、両国の司教が「もっとしばしば気楽に交流し、意見交換できるようにしていきたい……インフォーマルなつきあいをもっとしていこう。司教だけではなく、教区レベルの交流、つまり信徒・修道者・司祭の交流も奨励していこう」という点でも合意しました。この合意が日韓司教の交流の原点です。

日韓の司教たちの集まりが正式に「日韓司教交流会」（以後、交流会）という名称に変わったのは、一九九八年のソウルで開催された第四回からですが、以後、交流会は一年ごとに日本と韓国で開催地を交代しながら開かれ、その間に参加司教の数も日韓共に増えていき、今では日韓の司教のほとんどが参加する集まりに成長しました。

交流会は、教科書問題をきっかけに、共通の歴史認識を目指す目的で始まったことを踏まえ、最初の一〇回は、歴史認識や日韓の歴史に関連するテーマを扱いました。その結果、二〇〇四年に、目標としていた「共通の歴史教科書」となり得る書籍が刊行されました。それが、三人の韓国人研究者によって執筆された『若者に伝えたい韓国の歴史——共同の歴史認識に向けて』（君

島和彦・國分麻里・手塚崇訳、明石書店）です。二〇一二年にはその改訂版が韓国で刊行され、日本では二〇一四年にその翻訳出版がされました。ただ、残念なのは、日本のカトリック教会内でこの本があまり活用されている形跡がないことです。

また、この交流会からは、済州《チェジュ》教区と京都教区、広島教区と釜山《プサン》教区の間の姉妹教区縁組のような、日韓の教区間のつながりも生まれましたし、日韓司教団の呼びかけで「日韓学生交流会」（二〇一六年二月開催の第二二回で中止）のような、若者同士が交流する集いも生まれました。

日韓司教団の交流会は、その後、扱うテーマを次第に歴史問題から拡げていき、現在では、「移住者の神学」「自死・自殺の問題」「高齢者と教会」といった司牧上の問題や、「原発問題」「東アジアと世界の平和」「世界平和を脅かす軍需産業とメディア」といった社会問題を取り上げるようになっています。

このように、さまざまな問題を両国の司教たちが共有し、意見を交わし合う関係性を構築してきたことは、東アジアの現在の情勢を考えると重要なことです。と同時に、日本の教会が韓国、そしてアジアに向かって開かれ、そこから新しい風と刺激を受けていることも大切な点です。それは、私たちの教会が日本という一国に閉じこもらず、真に「カトリック」（普遍）であることにつながる「開き」だからです。

この他、阪神淡路大震災後の大阪教区で、「基本方針と優先課題」（一九八四年）と福音宣教推進全国会議（ＮＩＣＥ）の精神を受け継いだ、教区の刷新をめざす「新生計画」が始まったのも九〇年代でした。この「新生計画」から、小教区の壁を越えて、司祭、修道者、信徒が協力し合い、それぞれの特質を生かし合うことを目指す「共同宣教司牧」という方法が生まれ、今では他教区にもこのやり方が広がりつつあります。

一九九〇年代は、阪神淡路大震災やオウム真理教による地下鉄サリン事件が起こり、日本社会にとって転換期となった時期でしたが、日本カトリック教会にとっても、以上見てきたように一つの転換期でした。そして、この九〇年代に始まった道を私たちは今、歩んでいるのです。

転換期だった九〇年代から二〇年以上経て、数字から見る現在の教会の現状はどうでしょうか。日本人信徒数はあまり変わらず四三万人前後の数字を保っています。しかし、内実は少子高齢化を否めないため、一〇年後には厳しい数字を見ることになりそうです。外国人信徒数はすでに日本人信徒数を上回っていると言われていますが、実態はうまく把握できていません。

全国のカトリック教会（小教区）数は一九九九年に八一八でしたが、二〇一九年には七七四に減りました。司祭の合計数も一九九九年に一七三六人であったのが、二〇一九年は一二八六人になっています。

顕著に数を減らしたのが修道院と修道女で、男子・女子修道会修道院の合計が、一九九九年には九二五でしたが、二〇一九年は六八六と大きく減っています。修道院が閉鎖されるのは、修道者／女の数が減少しているからで、特に終生誓願を宣立した修道女（日本人・外国人）の数は、一九九九年には六二一九人だったのが、二〇一九年には四四四〇人と一八〇〇人近く減りました。修道会内の高齢化の現状を考えれば、今後更に激減していくでしょう。

また、有期誓願者数も日本人・外国人合わせて、一九九九年は二五七人、二〇一九年には二〇二人と減少傾向にあります。この修道会内の少子高齢化の傾向が改善される見込みは当分ないでしょう。そのため、多くの修道会がそれまで行ってきた事業体を自力で継続することが難しくなり、信徒その他に譲渡することが増えました。

宗教学者は今後二五年で、現在日本にある全宗教法人のうち三五％が消滅すると予測しています。仏教寺院も神社もそれぞれ三割から四割減少すると考えられており、カトリック教会の小教区教会や修道会も同様の事態を迎えることになりそうです。

また、二〇一八年に実施された「宗教」に関する国際比較調査の結果分析によると、全体として日本人の信仰心はより薄くなり、神仏を拝む頻度も減り、宗教に「癒し」などの役割を期待する人々も減少し、宗教は「平和より争いをもたらす」と考え宗教に危険性を感じる人々の方が感じない人よりも多い、という結果が示されました。

このようにみると、「再宣教」以来一五〇年以上を経た現在の日本のカトリック教会が直面しているのは、日本において教会を含め宗教全般が衰退しつつあり、宗教に逆風が吹いているという厳しい現実です。

実際、私が大学で宗教やキリスト教に関する講義をしていても、寺と神社の区別がつかなかったり、「キリスト教を信教する」といった妙な言葉遣いをする学生は珍しくなく、いかに彼らが宗教と縁のない日常生活を送っているかが透けて見えますし、多くの学生たちが持つ宗教イメージは「怖い、ヤバイ、怪しい、危険」です。そもそも、彼らの大半は宗教に関心がありません。逆風だらけです。

しかしそんな彼らも、キング牧師やマザーテレサのような、キリスト者として真に生きた人々の生き方を通して、キリスト教が自分の魂にとってとても大切なことを伝えていると感知すると、本当に素直に、柔らかな心でキリストの教え、キリスト者の生き方を受け止めます。日本人が渇いていないわけではなく、信仰心は眠っているだけで、魂に響く生き方を目にすれば、また、ぴたっとくる言葉で語られれば、反応して受け取る人々はいるのです。

そのような人々に対して、今の日本の教会は福音を差し出すことができるでしょうか。自分の魂を通った借り物でない言葉で福音を語り、日々の生活の中で、キリストに従って福音を生き、「勇気をもって外に出かけて行く教会」（教皇フランシスコ）であるでしょうか。そこが問われているのだと思います。

## 参考文献


### 1　日本のカトリック教会と第二バチカン公会議

G・アルベリーゴ、小高毅監訳、大盛志帆・桑田拓治訳『第二ヴァティカン公会議　その今日的意味』教文館、二〇〇七年

강인철「한국 교회의 사회 참여와 제2차 바티칸 공의회」『教會史研究』25、二〇〇五年

### 2　「ミカド」とキリスト教

宮沢誠一「幕末における天皇をめぐる思想的動向――水戸学を中心に」『歴史学研究　別冊特集　歴史における民族の形成』一九七五年

村井早苗『幕藩制成立とキリシタン禁制』文献出版、一九八七年

安丸良夫・宮地正人『日本近代思想体系5　宗教と国家』岩波書店、一九八八年

高木昭作『将軍権力と天皇――秀吉・家康の神国観』青木書店、二〇〇三年

脇田晴子『天皇と中世文化』吉川弘文館、二〇〇三年

井上寛司『日本の神社と「神道」』校倉書房　二〇〇六年

水本邦彦『日本の歴史10　徳川の国家デザイン』小学館、二〇〇八年

## 3　パリ外国宣教会の宣教活動（一）——邦人司祭養成

青山玄「幕末明治カトリック布教の性格」『カトリック研究』第三五号、一九七九年
坂野正則「一七世紀中葉におけるカトリック宣教戦略の再編——パリ外国宣教会と亡命スコットランド人聖職者」『史学雑誌』一二〇巻一〇号、二〇一一年

## 4　パリ外国宣教会の宣教活動（二）——巡回宣教師の活躍

三好千春「『巡回宣教師』テストヴィド神父の宣教活動」『日本カトリック神学会誌』第二五号、二〇一四年

## 5　日本人男性信徒の活躍

小川昇之進『道斎・小川昇之進回想録』カトリック気仙沼教会、一九七〇年
青山玄「明治のカトリック愛知・岐阜県布教（3）」『The missionary Bulletin』第二五巻第八号、一九七一年
青山玄・今田健美編『百年のめぐみ——カトリック浅草教会創立百周年記念誌』カトリック浅草教会、一九七七年

三好千春「カトリック伝道士・細渕重教とその時代」『南山神学』四一号、二〇一八年

## 6　女性信徒たち

小坂井澄『お告げのマリア――長崎・女部屋の修道女たち』集英社、一九八〇年
米田綾子『シリーズ福祉に生きる14――岩永マキ』大空社、一九九八年
三好千春「カトリック伝道士・細渕重教とその時代」『南山神学』四一号、二〇一八年

## 7　分水嶺としての一八九〇年（一）――欧化主義の影響

青山玄「幕末明治カトリック布教の性格」『カトリック研究』第三五号、一九七九年
渋川久子・島田恒子『信仰と教育と――サン・モール修道会　東京百年の歩み』評論社、一九八一年
マリア会日本管区本部編『マリア会日本管区　100年のあゆみ――歴史編　1888～1988年』一九九九年

## 8　分水嶺としての一八九〇年（二）――「宗教」・天皇・帝国憲法

山口輝臣『明治国家と宗教』東京大学出版会、一九九九年
渡辺浩『東アジアの王権と思想　増補新装版』東京大学出版会、二〇一六年
三谷太一郎『日本の近代とは何であったか――問題史的考察』岩波新書、二〇一七年

## 9　分水嶺としての一八九〇年（三）——「教育勅語」とキリスト教

斉藤泰雄「初代文部大臣森有礼におけるグローバリズムと国家主義」『教育研究』五九、二〇一七年
日本教育学会教育勅語問題ワーキンググループ編『教育勅語と学校教育』世織書房、二〇一八年
佐藤八寿子「明治期ミッションスクールと不敬事件」『京都大学大学院教育学研究科紀要』四八、二〇〇二年

## 10　分水嶺としての一八九〇年（四）——長崎教会会議

青山玄「明治二十三年のカトリック日韓合同教会会議の性格」『宗教研究』第五二巻第三輯、一九七九年
青山玄「明治・大正・昭和初期カトリック信徒の宣教活動」『南山神学』第一〇号、一九八七年

## 11　日清・日露戦争と日本カトリック教会

パリ外国宣教会編（松村菅和・女子カルメル修道会訳）『パリ外国宣教会年次報告』第一巻〜第三巻　聖母の騎士社、一九九六年〜一九九八年
小川原正道『近代日本の戦争と宗教』講談社、二〇一〇年
山梨淳「二〇世紀初頭における転換期の日本カトリック教会——パリ外国宣教会と日本人カトリッ

ク者の関係を通して」『日本研究』四四　二〇一一年

12　二〇世紀初頭の宣教不振打開策——日本人司祭・信徒を中心に

山梨淳「二十世紀初頭における転換期の日本カトリック教会——パリ外国宣教会と日本人カトリック者の関係を通して」『日本研究』四四　二〇一一年

13　「第四階級」からの脱却を目指して

上智大学史資料集編纂委員会編『上智大学史資料集』第一集、第二集　上智学院、一九八〇年

半澤孝麿『近代日本のカトリシズム』みすず書房、一九九三年

佐々木慶照『日本カトリック学校のあゆみ』聖母の騎士社、二〇一〇年

若松英輔『吉満義彦』岩波書店、二〇一四年

14　神社参拝問題

George Minamiki, *The Chinese Rites Controversy: from Its Beginning to Modern Times*. Loyola University Press, 1985, Chicago.

上智大学史資料集編纂委員会編『上智大学史資料集』第三集　上智学院、一九八五年

西山俊彦『カトリック教会の戦争責任』サンパウロ、二〇〇〇年

Régis Ladous, en collaboration avec Pierre Blanchard, *Le Vatican et le Japon dans la guerre de la Grande Asie orientale : La mission Marella*, Desclée de Brouwer, 2010, Paris
ケイト・W・ナカイ、冨澤宣太郎訳「『神社参拝』受諾へのみちのり――１９３２年上智大学靖国神社事件」國學院大學デジタル・ミュージアム、二〇一三年

## 15　カトリック教会と「忠君愛国」

岩下壮一『愛と理性と戦争――加持力《カトリック》教会と徴兵忌避事件』カトリック研究社、一九二六年
田口芳五郎『カトリック的国家観――神社参拝問題を繞りて』カトリック中央出版部、一九三二年
高木一雄『大正・昭和カトリック教会史１』聖母の騎士社、一九八五年
奄美宣教１００周年記念誌編集部『カトリック奄美１００年』奄美宣教１００周年実行委員会　一九九二年
宮下正昭『聖堂の日の丸――奄美カトリック迫害と天皇教』南方新社、一九九九年
Klaus Schatz, "*The Yasukuni Affair: Paolo Marella and the Revision of the Prohibition of the Eastern Rites*", in *Archivum Historicum Societatis Iesu*, 2012/II
海老坂武『戦争文化と愛国心――非戦を考える』みすず書房、二〇一八年

## 16　日中戦争と日本カトリック教会

加藤陽子『シリーズ日本近現代史⑤　満州事変から日中戦争へ』岩波書店　二〇〇七年
笠原十九司『日中戦争全史』上　高文研　二〇一七年
三好千春「日中戦争と正戦論――『日本カトリック信徒の支那事変観』を中心に――」『社会と倫理』第三五号、二〇二〇年

## 17　日本天主公教教団

高木一雄『大正・昭和カトリック教会史2』聖母の騎士社、一九八五年
志村辰弥『教会秘話――太平洋戦争をめぐって』聖母文庫、一九九一年
寺田勇文「宗教宣撫政策とキリスト教会」池端雪浦編『日本占領下のフィリピン』岩波書店　一九九六年
寺田勇文「カトリック女子宗教部隊――日本占領下マニラでの活動」『ソフィア』四五巻四号、一九九七年
原誠「日本占領下インドネシアにおける宗教政策：キリスト教の場合」『上智アジア学』一九、二〇〇一年
原誠『国家を超えられなかった教会――15年戦争下の日本プロテスタント教会』日本キリスト教団出版局、二〇〇五年
Régis Ladous, en collaboration avec Pierre Blanchard, *Le Vatican et le Japon dans la guerre de la*

*Grande Asie orientale:La mission Marella*, Desclée de Brouwer, 2010.
三好千春「カトリック教会（日本天主公教教団）」キリスト教史学会編『戦時下のキリスト教――宗教団体法をめぐって』教文館、二〇一五年
三好千春「治安維持法とカトリック教会」『ＪＰ通信』２０４号、二〇一七年

## 18　日本占領期のカトリック教会

井門富二夫編『占領と日本宗教』未來社、一九九三年
中川明『妖怪の棲む教会――ナイスを超え教会の明日を求めて』夢窓庵、二〇〇二年
森一弘企画監修『日本の教会の宣教の光と影――キリシタン時代からの宣教の歴史を振り返る』サンパウロ、二〇〇三年
中野毅『戦後日本の宗教と政治』大明堂、二〇〇三年
岡﨑匡史『日本占領と宗教改革』学術出版会、二〇一二年

## 19　第二バチカン公会議前夜の教会

井上洋治『余白の旅――思索のあと』日本基督教団出版局、一九八〇年
土屋至「『団塊の世代』にとっての戦後教育とカトリック」『カトリック教育研究』第二五号、二〇〇八年

John W. O'Malley, *What Happened at Vatican II*, The Belknap Press of Harvard University Press, 2008.
佐々木慶照『日本カトリック学校のあゆみ』聖母の騎士社、二〇一〇年

## 20　第二バチカン公会議と日本カトリック教会（一）

J・W・オマリー、武田なほみ訳「第二バチカン公会議——伝統との非連続性」『神学ダイジェスト』一〇一号、二〇〇六年
G・アルベリーゴ、小高毅監訳、大盛志帆・桑田拓治訳『第二ヴァティカン公会議　その今日的意味』教文館、二〇〇七年
三好千春「一九六〇年代の青少年労働者とカトリック教会」『南山神学』第三二号、二〇〇九年
佐々木博『第二バチカン公会議を、今日に生きる』サンパウロ、二〇一七年

## 21　第二バチカン公会議と日本カトリック教会（二）

鈴木範久「都市のカトリック教会」『The Japan missionary bulletin』第二一巻第八号、一九六七年
三好千春「一九六〇年代の青少年労働者とカトリック教会」『南山神学』第三二号、二〇〇九年
三好千春「日本司教団は『信徒使徒職』をいかに語ったか——日本における第二ヴァチカン公会議受容の一側面」『日本カトリック神学院紀要』創刊号、二〇一〇年

## 22　第二バチカン公会議と日本カトリック教会（三）

カトリック中央協議会第一回福音宣教推進全国会議事務局編『開かれた教会をめざして』カトリック中央協議会、一九八九年
古屋敷一葉「『正平協』の切り開いた道――一九七〇年代韓国民主化闘争支援活動を通して」（修士論文　未刊行）、二〇一八年

## 23　一九九〇年代以後――開かれた教会に向かって

한국 천주교 주교회의『가까고도 가까운 나라로　한일 주교 교류 모임 자료집』한국천주교중앙협의회 二〇〇二年
谷大二ほか『移住者と共に生きる教会』女子パウロ会、二〇〇八年
鵜飼秀徳『寺院消滅　失われる「地方」と「宗教」』日経ＢＰ社、二〇一五年
星野壮「カトリック教会による在日ブラジル人信徒への対応――『カトリック新聞』の記事を中心にして」『宗教と社会貢献』６巻２号、二〇一六年
小林利行「日本人の宗教意識や行動はどう変わったか　ＩＳＳＰ国際比較調査「宗教」・日本の結果から」『放送研究と調査』二〇一九年四月号、二〇一九年

## あとがき

オリエンス宗教研究所から、近現代日本カトリック教会史について連載しませんか、というメールを受け取ったのは、二〇一七年の七月のことでした。ちょうど某研究会で研究発表をするために宿泊していた仙台のホテルでそのメールを読み、驚きのあまり「えっ！」と言ったきり、しばらくパソコンの画面を見つめていたことを今でも覚えています。

まだまだ自分はいわば修行の身、そのような本を書くのは一〇年（いや、二〇年？）早い、と思っていたのに、結局、近現代日本カトリック教会の通史を書くという大冒険に乗り出す決心をし、連載は『福音宣教』二〇一八年一月号から始まりました。本書は、以後二〇一九年一二月号まで二年間連載した原稿がもとになっています。

己の力量不足、勉強不足を痛感しながらも、あえて連載を引き受け、この一書を出すのは、近現代の日本カトリック教会史についての手頃な本がないという思いからでした。近現代の日本カトリック教会史はキリシタン史と違って研究する人もごく少数で、分からないこともまだまだ多い分野です。そのため、専門でもないのに、この連載のために必死で勉強して一知半解のまま書いてしまった部分もあちこちにあります。専門の方々からの御教示などをいただければ幸いです。

また、今後、私自身も研究を続け深めていくとともに、若い世代から近現代の日本カトリック教会史の研究を担う人々が登場してくださることを切望しています。

本書で扱った一五〇年余りの歴史を振り返る中で感じたのは、信徒養成の重要性でした。教会が勢いを失ったのも、第二バチカン公会議の精神が日本の教会に浸透したとは言い難いのも、福音宣教に日本の教会が消極的なのも、信徒養成の問題が鍵を握っているのではないかと思います。そして、信徒養成の問題は、そのまま司祭養成や修道者養成の問題ともつながっていきます。日本の教会再生の道は簡単ではありません。

もう一つ、この本で書くことができず残念に思っていることは、台湾、朝鮮など戦前の日本の植民地と日本カトリック教会の関係です。これはこれまで全く手がつけられていない研究分野で、私自身も昨年から朝鮮と日本カトリック教会に関して研究をほそぼそとスタートさせたばかりのため、まだ何か言える段階ではありませんが、いつかまとまった研究を発表できればと願っています。

連載中も、単行本化にあたっても、『福音宣教』編集部、特に鈴木敦詞さんには大変お世話になりました。心から感謝申し上げます。

また、連載中に、手紙、メール、電話などで反応を下さった方々にも厚くお礼申し上げます。いつも励まされ、教えられました。ありがとうございます。

これが私にとっての初めての単著となります。この初穂を神に、そして両親に捧げます。

二〇二〇年一二月

三好千春

本書は月刊『福音宣教』（オリエンス宗教研究所）に連載された「時の階段を下りながら」（二〇一八年一月号～二〇一九年十二月号）に加筆・修正をしまとめられたものです。

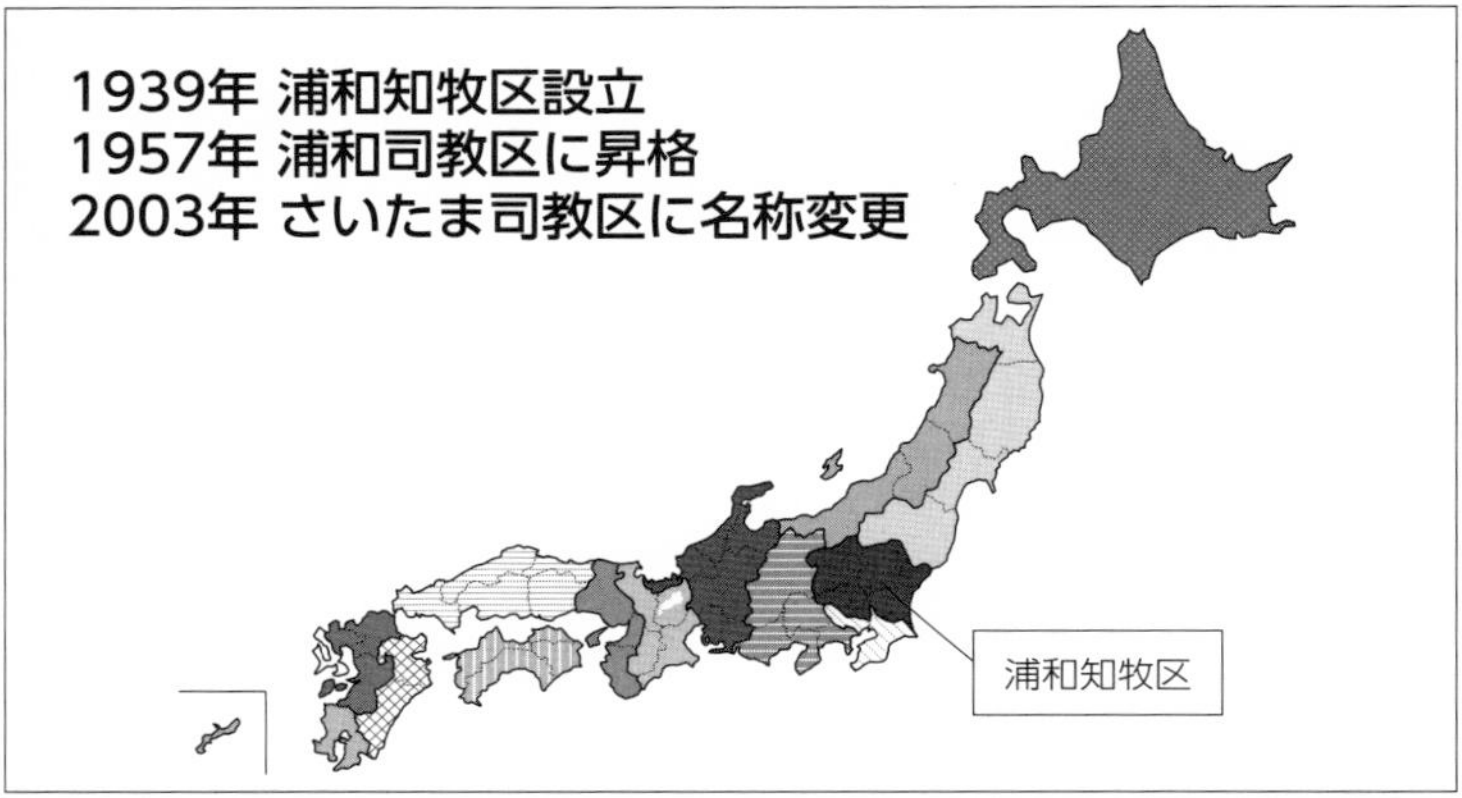
1939年 浦和知牧区設立
1957年 浦和司教区に昇格
2003年 さいたま司教区に名称変更
浦和知牧区

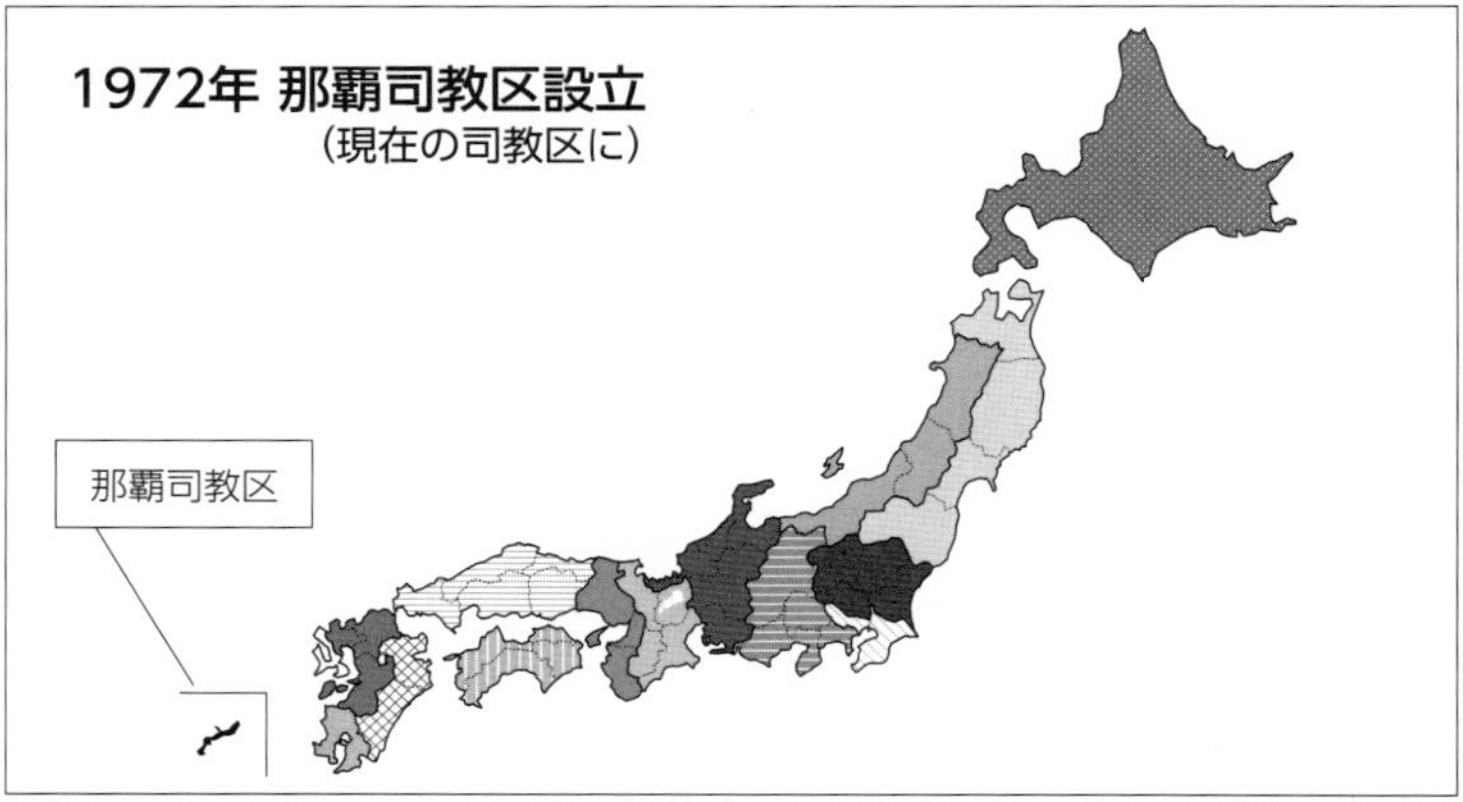
1972年 那覇司教区設立
（現在の司教区に）
那覇司教区

1927年 鹿児島知牧区・福岡司教区設立
1955年 鹿児島司教区に昇格
福岡司教区
鹿児島知牧区

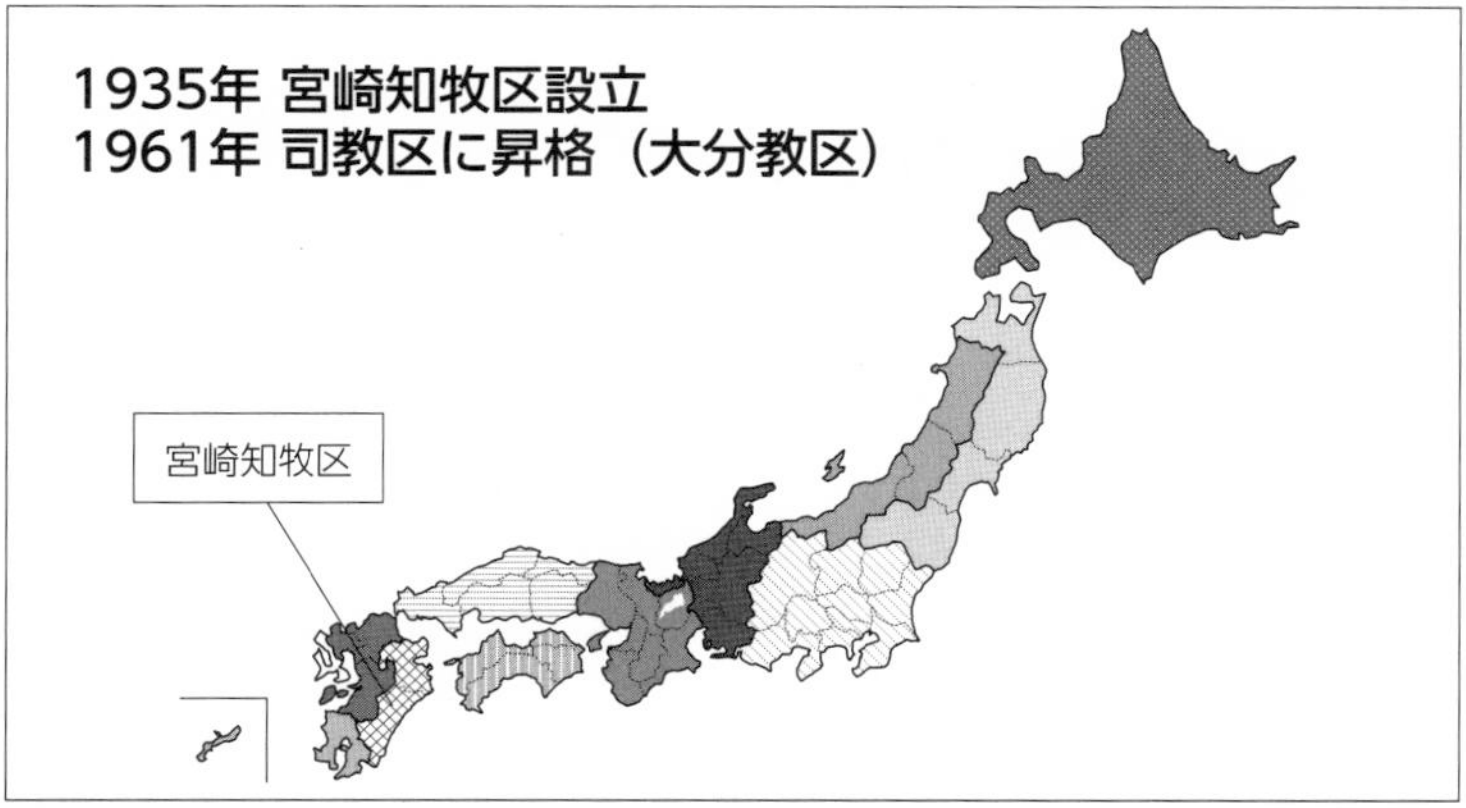
1935年 宮崎知牧区設立
1961年 司教区に昇格（大分教区）
宮崎知牧区

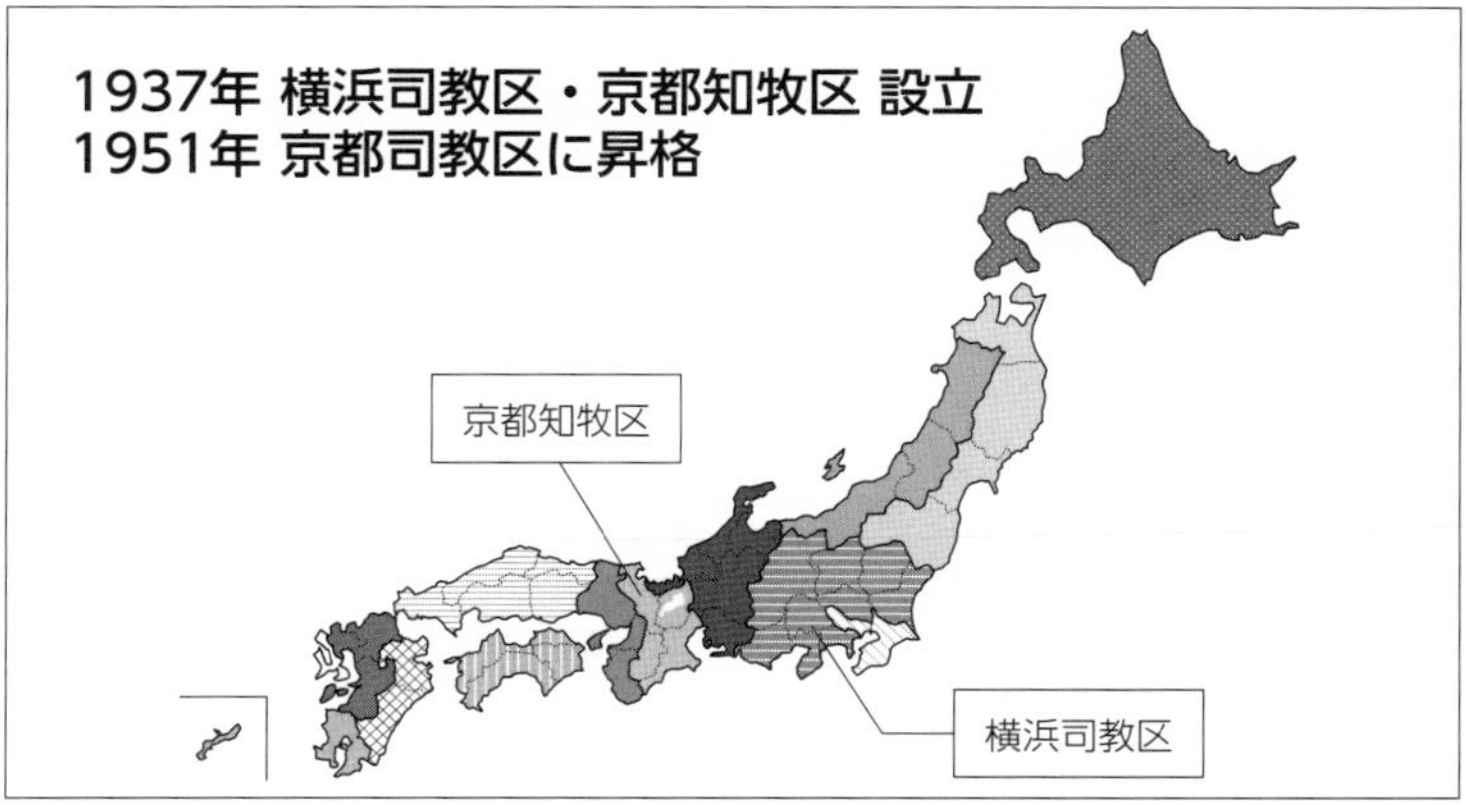
1937年 横浜司教区・京都知牧区 設立
1951年 京都司教区に昇格
京都知牧区
横浜司教区

1915年 札幌知牧区設立
（函館地区を除く）
1929年 札幌代牧区
1952年 函館地区を併合し
札幌司教区に昇格

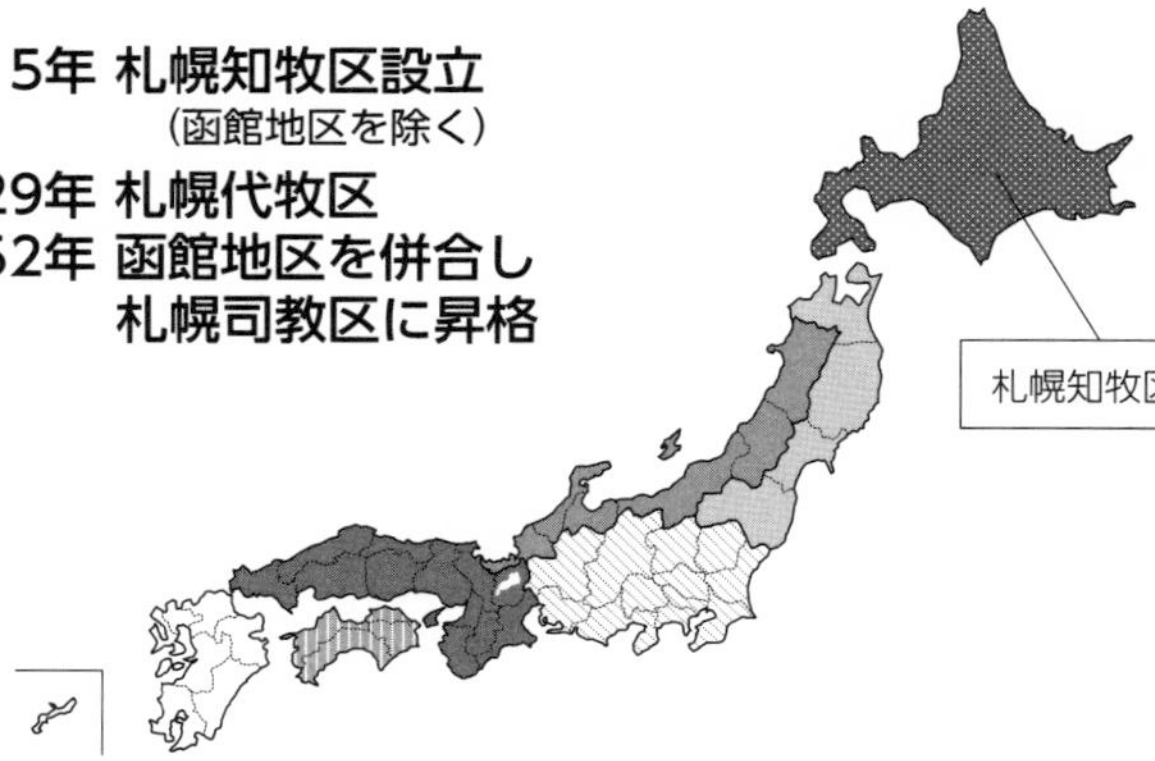

1922年 名古屋知牧区設立
1962年 名古屋司教区に昇格

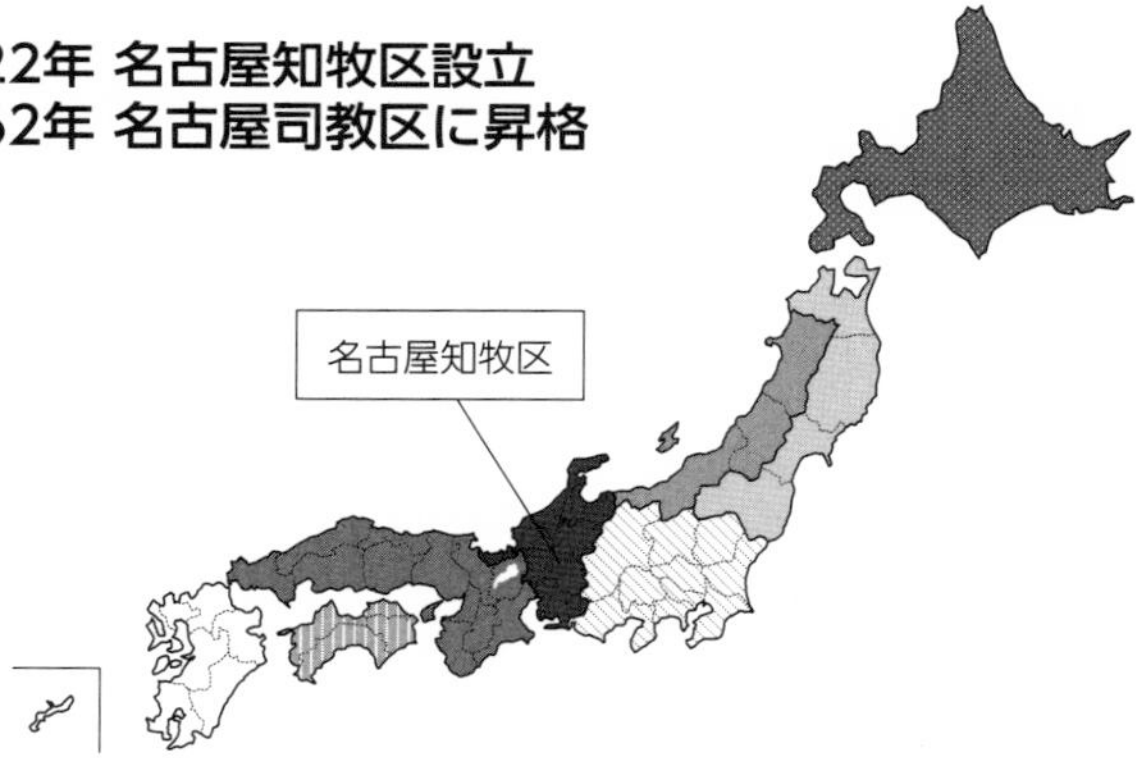

1923年 広島代牧区設立
1959年 広島司教区に昇格

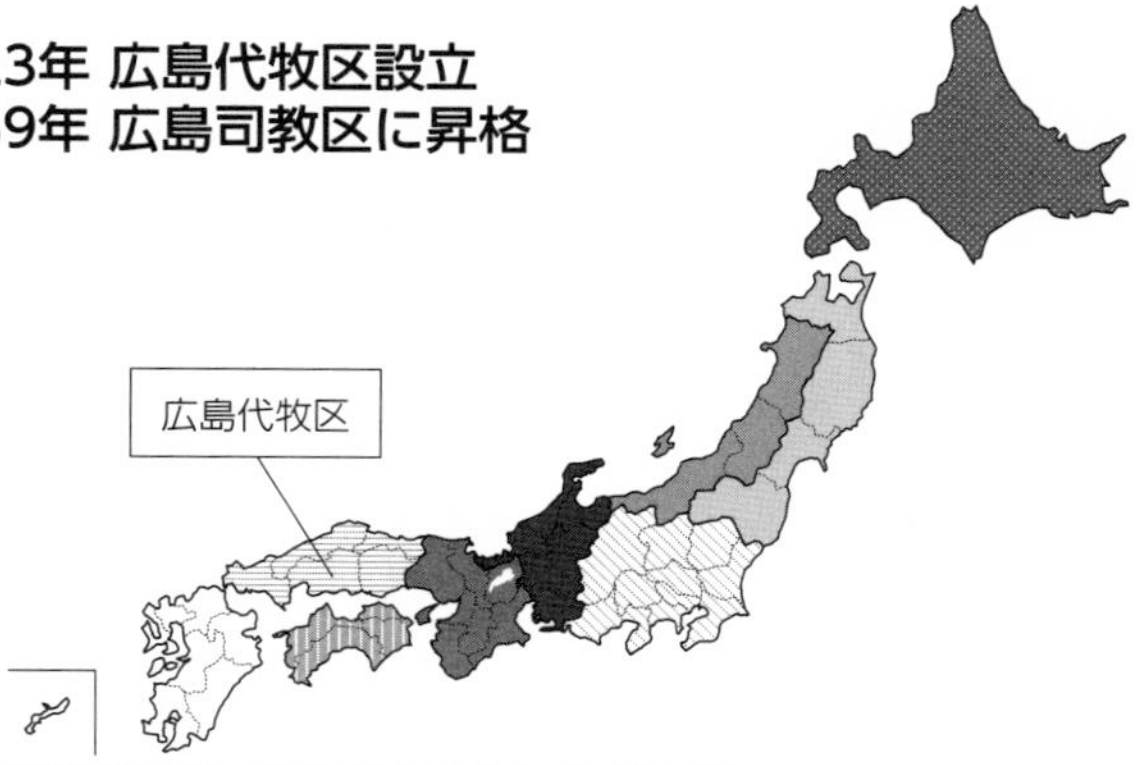

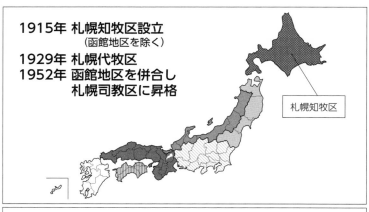

1891年 四教区設立
函館司教区・東京大司教区
大阪司教区・長崎司教区

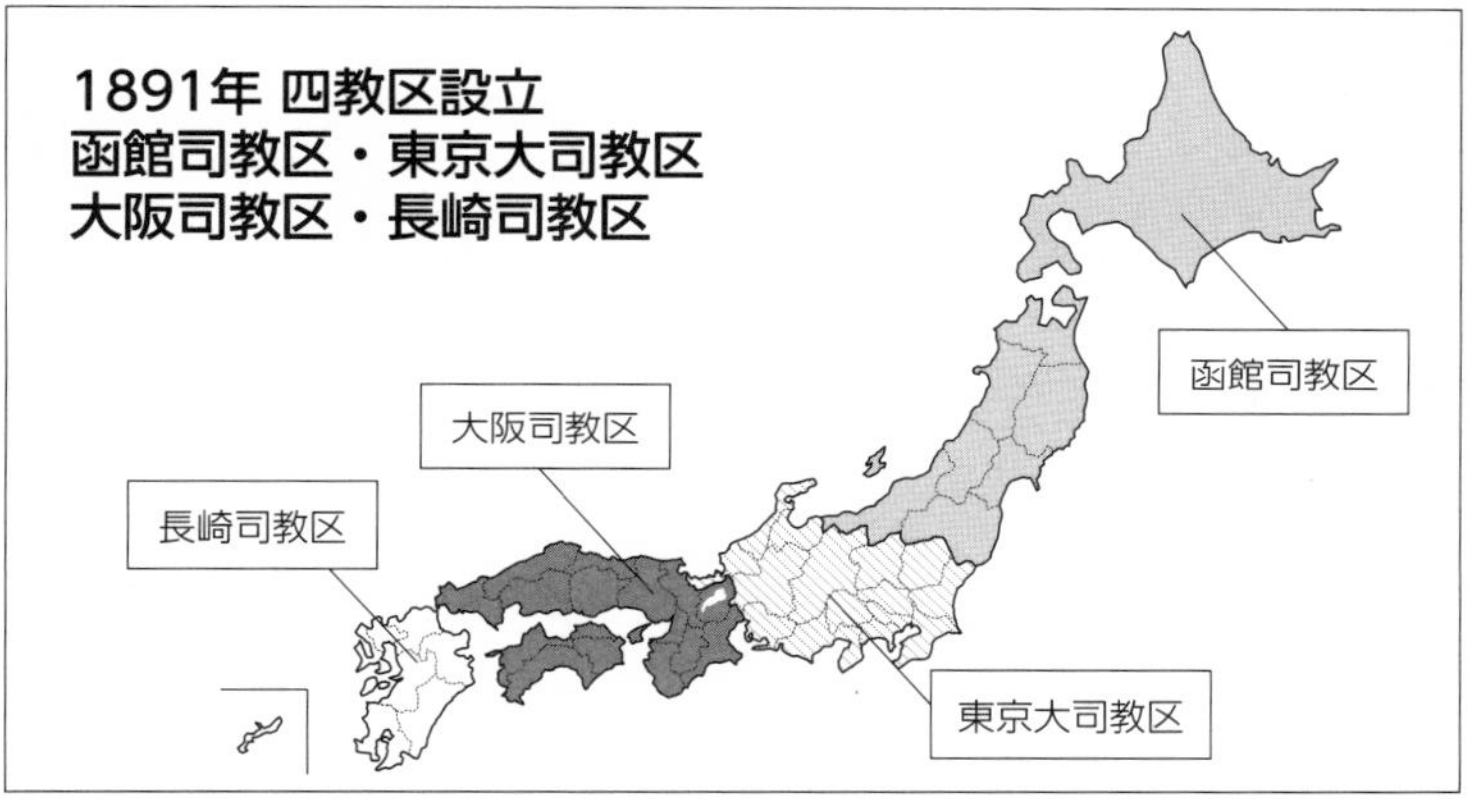


1904年 四国知牧区設立
1963年 司教区に昇格（高松教区）

1912年 新潟知牧区設立
1962年 新潟司教区に昇格

# 日本教区の変遷

## 1876年 北緯代牧区と南緯代牧区に分割

## 1888年 中部代牧区の設立
（南緯代牧区の分割）

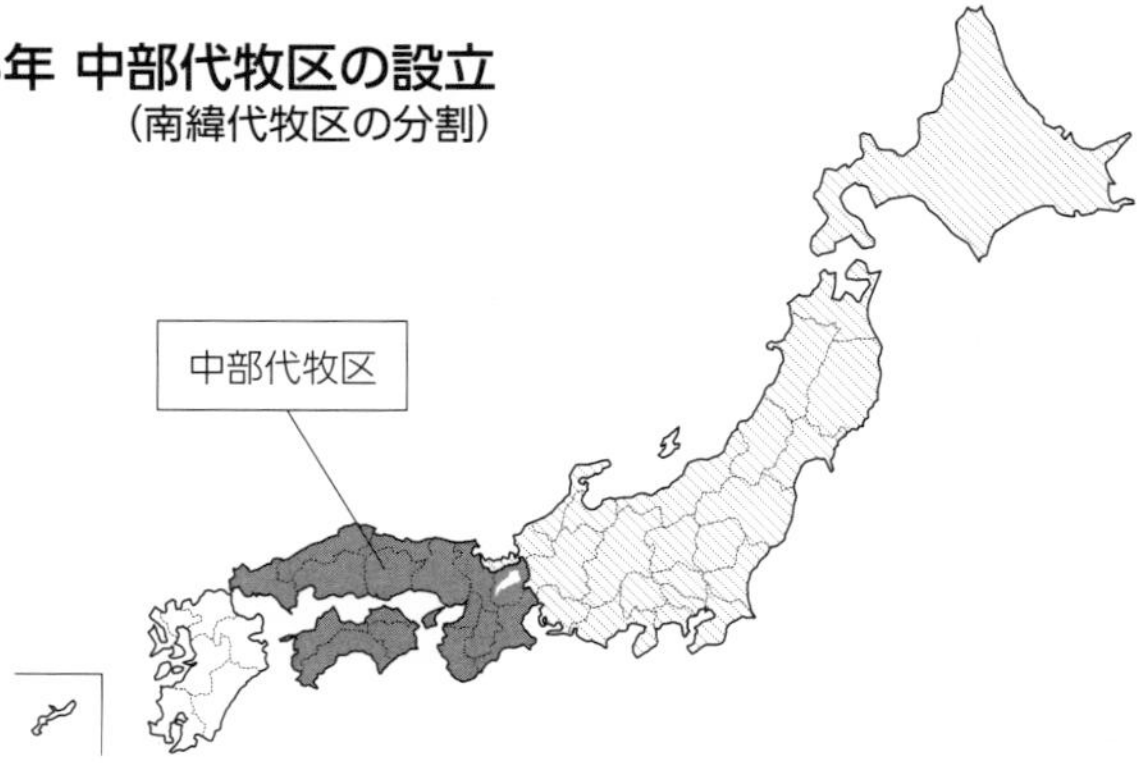